JN197919

バウムテスト
Q&A

阿部惠一郎

はじめに

3枚法普及への情熱

私が初めてバウムテストの書籍を翻訳したのは，ドゥニーズ・ドゥ・カスティーラの『バウムテスト活用マニュアル』（Le Test de l'arbre, Relations humaines et problèmes actuels）（2002年3月，金剛出版）である。

出版当初，出版社に初版5,000部刷るように話したところ，全く相手にしてもらえなかった。出版社によると専門書は多くの場合売れる書籍だとしても2,000部くらいだという。これが出版界の常識だと教えられた。今や10版を超えるベストセラーになった。

この本の訳者あとがきに書いたように，菊池道子先生がこの原書をパリの書店ジベール・ジュンヌで2冊買ってしまい，「この本は面白いから訳してみたら。今までのバウムの本と違って逆引きになっているので，研修会で講師を頼まれたときに便利なの。でも全部訳すのはちょっと大変」と言いながら私に贈ってくださったのだった。不安，抑うつ，知的障害などのサインはどのようなものがあるか簡潔にまとめられていた。そしてバウムテストによる3枚連続描画法が紹介されていたのである。その頃勤務していた教護院で非行少年たちに実施してみると，1枚目は大きな木を描き，2枚目になると小さな木を描く。3枚目の「夢の木」は奇妙なそしてグロテスクな描画が多かった。日本でバウムテストが最初に紹介されたときのコッホ英訳版からの翻訳（C. コッホ『バウムテスト―樹木画による人格診断法』，1970年，日本文化科学社）の補遺，日本におけるバウムテストの研究には，一枚法で「非行少年のバウムテスト」の特徴として，「非行少年は，幹を極端に太くかいたり，幹の輪郭をぶあつくしたり，ごつごつとした輪郭をかいたり，幹の表面に粗雑な陰影を付ける傾向がある（外界に対する心理的摩擦感，自己防衛，隠蔽傾向）」と書かれてあった。また，同書で幹を太く描くということについて，自我肥大の投影であるという解釈仮説を立てている。非行少年にしばしば指摘される劣等感に対する代償としての自我肥大を想定していたが，劣等感は描画そのものから得られた所見ではない。矯正施設の心理技官たちは「非行少年は初対面では突っ張っているが，本当は小心で内面はオドオドしている」のを面接や他の心理検査から知っていたので，このように解釈したのだろう。

連続描画の2枚目は被検者の内面を表現するとはカスティーラの説である。教護院に勤務していた頃に児童精神科病院に通院や入院している子どもたちの描画についてスーパーバイザーをしていたので，連続描画に関して非行少年の描画と児童精神科で治療を受けている子どもたちの描画を比較すると後者では1枚目が小さく，2枚目になると少し大きな木が描かれることが多かった。発達障害や適応障害の子どもたちは新奇な状況に対してまず警戒し，慣れてくると環境になじむのが2枚目の変化から理解できた。

カスティーラの3枚法の仮説は，第1の木：周囲や社会に見せている自己像。第2の木：内面的な自己像。第3の木：願望，欲望である。家裁調査官をしていた友人がカスティーラの翻訳を読んで，「これまでの1枚法のバウムテストが心を映し出すレントゲン写真だとすれば，カスティーラの3枚法はCTかMRIだ」というキャッチコピーを作ってくれた。しかし，心理学の勉強をしてきた人々にとって心理検査は常に同じ結果が出なければならないと思っている人が多いらしく，研修会では3枚法の描画のうちどれが被検者の本当の姿と考えれば良いのかといった質問が飛び出すこともあった。どんな検査でも検査者が異なれば結果も異なるし，検査状況での心理的水準が変われば，あるいは被検者の体調によっても反応（ロールシャッハに対する反応だけでなく，描画，投影法の多くに見られる）は違ったものになる。むしろその時々の反応の違いを吟味することで，被検者をより深く理解できると思われる。同じ検査を何度も行うことについて，「疲労や身体的あるいは精神的負担」を言い募る人もいる。そうした人は描画の後に多くの時間をかけてPDIを行い，被検者に負担をかけていることは問題にしないようである。無意識を探る検査なのに，言語を介して意識している事柄を聞き，所見を書くとは何と滑稽なことだろう。

「現代のエスプリ 390」で初めて3枚法の実践報告を行った。それ以後，さまざまな研修会や施設でのスーパーバイズの機会に3枚法で実施してきた。3枚目の「夢の木」について，カスティーラの仮説では「欲望・願望」を表現しているといっていたが，そのような木が表現されるのは，被検者が子どもであっても大人であっても，精神的に健全な場合だと私は考えるようになっていった。と言うのも，性犯罪者が性器を生々しく描画するのは「夢の木」に多く，激しい被虐待体験をもった子どもが幹にいくつも眼球を描くのも「夢の木」であった。カスティーラは3枚法を紹介したものの，連続描画の精神的ダイナミズムについて詳細には書いていなかった。3枚法を推奨しながら実際に実施しても被検者のこころをきちんと理解できないもどかしさが残った。カスティーラの3枚法はストラの4枚法を簡略化したものである。それは5年の歳月をかけて翻訳した『バウムテスト研究』(みすず書房)で明らかになった。

ストラの4枚法（1975, 1978）では，連続して4本の木を描くように教示している。1)樅の木以外の木を描いてください。2)もう一本，樅の木以外の，前に描いたのとは違う木を描いてください。3）夢の木，想像の木，現実には存在しない木を描いてください。4）目を閉じて木を描いてください。第1および第2の木の「樅の木以外の木」は，コッホの影響であろう。教育現場でしばしば木の描画で描かれ，しかも身近に多く見られる針葉樹を排除したかったようである。春には花が咲き，秋には果実を，冬には落葉と四季折々に変化する果樹を描くようにしているのだが，「実のなる木」と誤解されてしまい，実のなっている木についての解釈を混乱させることになった。つまり「実」や「果実」を自発的に描いたのではなく，「実のなる木」と言われたので，実を書き加えただけなのかもしれない。教示に従って「実を描いた」だけなのに，被検者は「利益・目的を求める傾向が強い」などと分析されるのは気の毒である。

第２の木について，ストラは「もう一本，前に描いたのとは違う木」と教示している。英語で表現すれば，one more ではなく another tree である。従って，第１の木とほとんど同じような第２の木を描いた場合，ストラはそれを被検者の反抗的な態度（消極的抵抗や人が期待するのと反対の行動）とみなしている。第２の木について，コッホ（1958）は一枚目に「その人らしさ」が表現されていない場合には，もう一枚描画を実施するとしている。その人らしさが表現されているかいないか判断できるのなら，１枚目も２枚目の描画も必要ないような気がするのだが，コッホも２枚目の描画は１枚目とは違うものが表現されることを経験していたのだろう。ストラによれば，第２の木は慣れ親しんだ環境にいる自己を表現するかもしれない。そして表現することに対して多少とも警戒心は緩むと考えている。つまり普段の安心できる場所での振る舞いとなる。

環境からの影響がバウムテストにどのように表現されるかについて，ストラは描画の連続性，つまり第１の木（見知らぬ環境），第２の木（身近な家庭的な環境）を統計的に比較した。家庭状況を例えば父親の不在，家庭内に存在する葛藤，子どもにおける見捨てられ抑うつなどから描画を検討している。第１と第２の木を比較してみて，家庭に葛藤が存在する場合には，描画の中で特に幹，幹の形態，幹の構造，幹に用いられている描線がポイントになると指摘している。非行少年では家庭的に葛藤状況あるいは虐待的環境に置かれていることが少なくなく，第１，第２の描画の連続性を検討することは有益だと感じた。もちろん，不登校児についても学校環境と家庭環境の居場所感が表現されていると考えられる。

カスティーラの３枚法の意味づけとストラのそれとでは少し異なっていた。ストラの４枚法において，第１の木は，被検者が不慣れな状況下で，準備もせずに課題を与えられた際の振る舞いを示している。第２の木は，慣れた状況で熟知した課題をこなすという意味で，心理学的に異なる文脈で作業を行っている。第3の木は夢の木である。夢の木は現実のつらさや叶わなかった夢を表現している。親に対する恐れを意味する擬人化された木，傷つき体験を表現しているウロ，さまざまな性的表現の多くが２枚目や夢の木に出現している。

夢の木を３番目に指示したのは，現実の不満足な状況を新たな視点から見つめ，被検者が多少とも意識的に想い描く解決策が浮かぶようにするためであり，そうすれば最初の２枚で表現された現実の困難が発見できるかもしれない。つまり第３の木は，より深層の領域，つまり欲望や願望も表現しうるのである。カスティーラは「第３の木あるいは夢の木」について，「今までの経験では，第３の木は全般的に前の２枚の絵よりも大きく広がりを持ったものが多く，それは被検者が意識的あるいは無意識的な願望や自己肯定への欲求が木に投影されているからであろう。被検者が木とは思えない形態の絵を描くこともあるのだが，それは抽象性や空想を好むと解釈されることもある一方，精神障害のサインの可能性もある」としている。

カスティーラは「第４の木」を採用しなかった。その理由については全く触れていない。もっとも彼女は３枚法について述べる際にもストラの名前を挙げていない。ストラによれば，第４の木は，過去の経験や現実の心理的状況に関係する事柄を理解する方法である。子ども時代に体験した深刻な葛藤状況とそれが今でも行動面に影響を与えていることを示唆する表現が見られるという。

私はストラによる４枚法を採用せず，カスティーラとストラを参考にしながら３枚法をつくってみた。何故，第４の木を採用しなかったかと言えば，現在でも私のクリニックを受診する患者に４枚目の「目を閉じて描く」のを実施しているのだが，ほとんどの被検者描く４枚目の描画時間は30秒以内で，殴り書きが多く，運筆もスピード感に溢れ，描き始めの時点で目を閉じるので木の位置に関する情報をどのように確定すれば良いか判断に苦しむことが少なくなく，さらに手の動きが僅かな描画が多く，空間図式的に見るとA4用紙の４分の１程度の大きさの木がほとんどであった。そうした理由から目を閉じて描く４枚目を除くことにしたのである。

３枚法は１枚法や２枚法に比べて被検者から多くの情報を手に入れることができる。カスティーラの翻訳を発刊してすでに17年が過ぎた。その間，私はバウムテスト研究会を立ち上げ３枚法で多くの参加者と描画を読んできたのである。2013年８月に『バウムテストの読み方』（金剛出版）を出版し，バウムテストは空間図式，描線，形態・構成，木の象徴性，特殊サインという５つの作業仮説から分析できることを示した。コッホ，ストラ，ボーランダー，カスティーラ，愛原などの研究から５つの仮説に基づく分析表を作成してくれたのは，研究会のメンバーの大野陽子氏である。

同じくメンバーである高橋道子氏，家崎哲氏，石川佳代子氏が2018年10月に開催された日本ロールシャッハ学会にバウムテスト３枚法を用いた演題発表を行ったところ，聴衆からの意見はなく議論にならないと悔しがっていた。理由は簡単である。バウムテストは，全国に統一された教示や読み方が確立していない心理検査なのである。教示法を３枚法にして読み方の方法を確立しなければならないと痛切に感じたのは研究会のメンバーだけではない。このままでは投影描画法そのものが廃れていってしまう。ロールシャッハなど投影法が臨床の場からお手軽で簡便なチェックリストによって隅っこに追いやられ，こころの内側も表面的な意識された部分のみを取り扱うようになってきた。

そうした思いを強くもった高橋道子氏がかつて岡部祥平，菊池道子両先生が作った『ロールシャッハテストQ&A』を読んで，バウムテストにもこういう本があると良いと提案してきたのだった。バウムテスト３枚法普及に向けてQ&A式の本をつくるという企画はすぐにまとまった。まず，私が３枚法の沿革を書き，研究会メンバーだけでなく菊池道子先生を初めとする心理検査のスペシャリストの先輩たちも質問者に加わっていただいている。

本書はバウムテストQ&A第一巻である。これに続けて読み方や描画サイン集など続巻を企画している。まずは３枚法の素晴らしさを味わっていただきたい。

目　次

バウムテスト
Q & A

第1章

ようこそ バウムテストへ

バウムテスト3枚法

バウムテストは精神科臨床（病院，クリニック），教育現場（幼稚園児から成人まで），矯正施設（鑑別所，少年院，刑務所），福祉施設（児童自立支援施設，児童養護施設），老人施設などさまざま場所で用いられている。描画の目的は評価（evaluation）と治療（therapy）である。それぞれは描画テスト，描画療法という言葉に対応するかもしれない。しかし，この２つが異なる行為ではなく描画というひとつの行為の表裏一体をなしている。描線を引き，陰影を施す作業を繰り返しなかなか止めようとしない子どももいる。指示されて描き始めたときのやや緊張した顔から絵を描くことでほっとしたような，緊張がほぐれた穏やかな表情に変化しているようである。白い紙は黒々として「不安のサイン」を読み取ることができるにもかかわらず穏やかな表情になる。「不安な子ども」と評価されるとともに不安は一時解消される。

描画テストは他の心理テストのように検査をすることで被検者に緊張を強いる，あるいは疲労させるだけではない面もある。もちろん，テスト中ずっと緊張している人もいる。２枚目になって緊張が解れる人もいる。いや，２枚目の描画でも相変わらず表情に変化が見られない被検者も少なくない。児童相談所や少年鑑別所で検査を受ける場合に結果が処遇や審判に影響を与えるかもしれないので，少年たちは緊張した面持ちで検査を受ける。そのためバウムテストではウロ（外傷体験を示すサイン）の出現は１，２枚目よりも３枚目（夢の木）で出現する頻度が高い。３枚目（夢の木）についてカスティーラが言うように欲望や願望の表現かもしれない。あるいはストラが指摘したように現実のつらさや叶わなかった夢と思われる表現も1，2枚目との違いから抽出されるのであって，3枚目のみから理解できるのではない。

連続描画法である「バウムテスト3枚法」は，ストラの4枚法とカスティーラの3枚法を基にして作り上げた方法であるが，彼女たちの方法を参考にしながら改変している。まず，教示をどのように変えたのか，そしてそれが描画分析にどのような影響を与えたかについて述べる。そして3枚法と5つの作業仮説の関係について説明しようと思う。

〈教示について〉

1）木を描いてください。できるだけ丁寧に，あまり急いで描かないでください。これは試験ではないですから，うまい下手は関係ありません。描き終えたら，教えてください。

2）もう一枚，同じ木でも他の木でも良いですから描いてください。第1の木を見ないで描いてください。できたら第1の木とは違う木を描いてください。

3）夢の木を描いてください。美しいと思う木，あるいは庭に植えてみたいと思うような木，思い出に残っている木，想像の木，空想上の木，そうした木を描いてください。他の人が見たら木に見えなくてもかまいません。

〈分析への影響〉

ストラ，カスティーラは（1本の）木を描くように教示しているので，複数の木の描画は少ない。それでもストラは複数の木について2つの描画サインとその意味を提示している。

サイン番号1）複数の木：（一枚の用紙に複数の木，同じ地面ラインの上にない）

子どもっぽい振る舞い，与えられた指示に従わない。

サイン番号2）2本の木：自己と他者を象徴している可能性がある。解釈にあたって木の位置やサインを検討する必要がある。

われわれの教示では，木の本数について，1本か複数かの質問が被検者からでてきた場合，「どちらでも良い」「何本でも良い」と答えるので，「子どもっぽい振る舞い」や「与えられた指示に従わない」という意味は採用しない。複数の木を描く被検者では「自己と他者」の関係に敏感である人や，摂食障害の被検者にしばしば見られた。

ストラは用紙を縦長方向にして描くように指示し，カスティーラは縦長方向にして手渡すように指示している。彼女たちにとって用紙を横長方向に使用するのも複数の木と同様に「教示と異なる描画」であるが，ストラの描画サイン5）用紙を横長方向に使用する：独立独歩の精神，知性や利発さの意味となる。複数の木よりも好感が持たれるようである。われわれは「横長方向に使用して良いか」の質問があった場合に，どちらでも構わないと被検者に話している。従ってここでも教示と異なる「独立独歩の精神」という解釈をしない。「横長方向」は現在の環境に対する不満，不全感の表現と考える。用紙を横長方向に用いれば木の高さは短くなり，樹冠部は横にひしゃげてしまい，幹の幅や根もとは広がる傾向のバウム画が多い。つまり周囲からのプレッシャー，自信のなさと自己承認欲求，支えが欲しいといったサインが表現されやすいのである。

第2の木について，ストラは第1の木と異なる描画を要求する。カスティーラは，われわれと同じように「同じ木でも他の木でも良い」としている。われわれの教示では「できたら第1の木とは違う木」と念を押す。2枚目の描画になって初めて「横に使っていいか」「木を何本描いていいか」という質問がでることもある。2枚目の教示を始めると，「え，また。同じのしか描けない」という反応も時々見られる。1枚目から2枚目への描画で心理的水準が変化するように働きかけていくのである。

第3の木は夢の木である。ストラは，現実の不満足な状況を新たな視点から見つめ，被検者が多少とも意識的に想い描く解決策が浮かぶようにするためであり，そうすれば最初の2枚で表現された現実の困難が発見できる，より深層の領域，つまり欲望や願望も表現しうると述べている。3枚連続描画の読み方として，最初の2枚と夢の木を対比させると被検者の現実の困難さが浮かび上がってくる。それは被検者自身全く意識していない。カスティーラは「被検者が木とは思えない形態の絵を描くこともあるのだが，それは抽象性や空想を好むと解釈されることもある一方，精神障害のサインの可能性もある」と指摘する。私の経験では，自閉症スペクトラムや統合失調症の描画では第1の木から現実的ではない木が出現することもしばしば見られるが，臨床像から不安障害や適応障害と思われた事例が，夢の木で現実の困難さが表現され，統合失調症が示唆されたこともある。

〈夢の木が教えてくれる〉

夢の木から現実の困難さが理解できたケースは数多くある。不眠・不安を主訴にクリニックを受診した30代男性の夢の木はまるで「左手甲に浮き出て見える静脈のような枝振り」の描画（図1）だった。彼の1，2枚目は不安を示すサイン以外にはあまり特徴的な所見はなかった。彼はバイオリニストなのである。演奏中は左手甲を見ていることが多いか，いやでも目に入ってくるに違いない。仕事上の困難を診察場面ではうまく語れなかったのだろう。それが夢の木に象徴的に表現されたのだった。

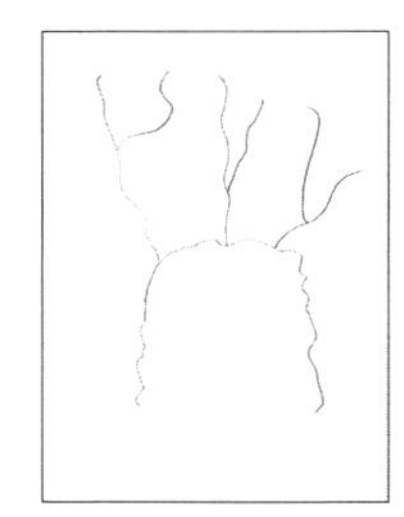

図1

次のケースは，かつて私が勤務していた大学のオープンキャンパスでバウムテストについて話すように依頼された際に，40代前半と思われる女性が参加していて，3枚法を実施した。「どんなことが分かるのか知りたい」と言う。3枚目（夢の木）は用紙からはみ出している大きな木。幹の左側から伸びた枝にブランコが吊されていた（図2）。1，2枚目はほどよい大きさのバランスがとれた木だった。左側のブランコは女性からのサポートを意味する。「お住まいの近くに実家があり，子育てが大変なときなどお母さんに応援を頼むことが多いかも」，そして横にいた娘さんに「おばあちゃん，大好きかな」と話すと，この親子はにっこり笑って肯きながら「まるで占いみたい」

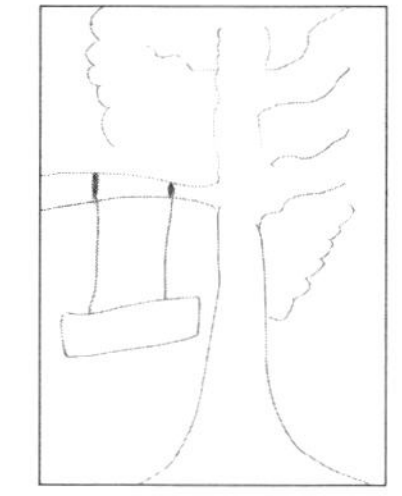

図2

と語った。子育ての大変さが夢の木と第1，第2の木を比較することで理解できたのである。

17歳男児。この少年は無賃乗車で少年院に送られるという。養護施設を出た後に万引きを繰り返していた。1，2枚目はやや大きい木で，攻撃性や衝動性のサインといった非行少年に特徴的なサインは見られなかった。3枚目（夢の木）では縦に細長い長方形を描き，その下部は台形の図柄であった（図3)。「まるでコンクリートパネルを真横から見たような絵だね」と私が言うと，心理技官は「彼は最近まで土木作業員をしていました」という返事。奇妙な夢の木が，彼の経済的困窮や今までの仕事を表現している。

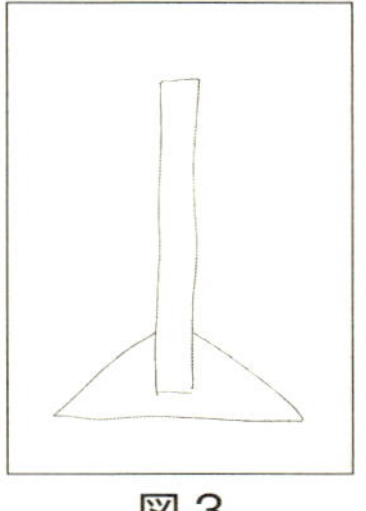
図3

夢の木の解釈についてその魅力の一端を示したのだが，すべては1，2枚目との比較検討の上に成り立っている。読み方と教示は緊密に関係している。

〈3枚法と5つの作業仮説〉

かつて3枚法の読み方について,『バウムテストの読み方』においてパターン分類を示した。連続する3枚の描画から受ける印象,気づいた点を記録し，さらに5つの作業仮説を基にして3枚の変化について注目し，5つのパターンに分類することを推奨したのだが，変化の注目点に関して形態・構成に重きを置いたような気がする。3枚の描画と作業仮説をできるだけ拾い集めることができるように「バウム分析表」を作った。これについては第3章で詳述する。

5つの仮説を考える上でヒントになった著作がある。M. タノフの『木よ！　私が何ものなのか教えてくれ』（アルノ・フラネル社，2008年）である。拙書『バウムテストの読み方』で，次のように書いた。

「木の描画を通して被検者は自らを語る。3重のランガージュを通して，自分の性格や生育歴を明らかにする。3重のランガージュとは，①象徴のランガージュ（さまざまな対象，人物，風景，表情，手，等），②文章の中に用いられるような描画サインのランガージュ（直線，破線，曲線，等），③

用紙上の位置」である。ランガージュ（langage）とは，記号言語であり，バウムテストは3重の言語記号で書かれた文章であり，木を読むとはあたかも象徴やサインから成り立っている文章を読解することなのだとわかった。また，ストラが監修した『バウムテスト』（金剛出版，2018年）の結語に「1つの描画サインは，全体との関係において初めて病理学的な価値を持つ。全体の中に描画サインは統合される……1つの描画サインは，そのサインの意味を支え，あるいは反対の意味を持つ別の描画サインとの相関性において意味と重みをもつ。描画サインは木全体が描かれている位置や描線の特徴と結びつく。」

われわれの3枚法と5つの作業仮説は，いわば5つのランガージュを用いて書かれた3つの文章を解読する方法なのかもしれない。3枚の描画をならべて読み始めてみよう。

第2章

Q & A

バウムテストのわからないことを聞いてみよう

1　なぜ木？　なぜ３枚法？

Q1　「木」を描くことで本当にパーソナリティがわかりますか？

A1　わかることもあるし，わからないこともあります。バウムテストは，他のテストよりも多くのことがわかるとか，何でもわかるんだ，というつもりはありません。ですから，木以外でもいいかもしれません。人物画，動物画，家族画，など，課題画はいろいろありますね。木もその中ではテーマとして与えられているものの１つにすぎないのだと思います。

Q2　なぜ「木」を描くのでしょうか？　木や森に興味のない生活をしている人もいますよね？

A2　確かにそうだと思います。私も植物は好きじゃありませんし，花を覚えるのも好きではありません（笑）。

「木」が人を表すことに結びついているのは，古来，洋の東西を問わず，人間が植物のイメージで語られてきたことが影響しています。また，身の回りに木がないという人はほとんどいないと思います。

Q3 成育歴にあてはめてバウムテストを解釈している気がします。どうなのでしょうか？

A3

そう思われるような所見を書く人が多いのかもしれません。だからこそ，まずはバウムテストから得られる描画サインのみで読み取ることが大切なのです。

その後に，心理検査から得られた所見と成育歴を統合して最終的な所見をまとめるべきだと思います。しかし，時間に追われて所見を書かなければいけない，という状況だと，描画サインを読み取らずに，成育歴から類推して書いたとしか思えない所見が増えていくのかもしれません。

また，バウムテストの所見を依頼すると，原画をつけないのが多いことも，成育歴を読んで解釈していると思われる要因だと思います。所見を書く際には必ず，原画を添付することに加えて，木のどのようなところから何を読み取ったのか，という根拠を明示してください。また，性格にしても症状にしても単にそれらしい用語を並べるだけではなく，いろいろなことが絡み合っていることをきちんと呈示することが心理テストとしてのバウムテストの価値を高めることになるのではないでしょうか。

バウムテストを取ると，成育歴からわかること以上のことが必ずあると思います。逆に何も指摘できなかったら，そのテストは意味がなかったといってもいいでしょう。

具体的に役に立つのがウロです。バウムテストに現れたウロについて話をふっていくと，被検者自らが話しにくいことを語り出すことが多いように思います。

Q4　なぜ３枚法なのですか？　１枚ではわからないのでしょうか？

A4

私も初めて３枚法に触れたとき，どうして３枚も書かなければいけないのかと思いました。１枚の木からでもいろいろなことがわかりますし，何枚木を描いてもらっても，人は同じような木を繰り返し描くのではないかという考えもありました。

しかし，それは私の誤解でした。３枚法を実施したときの一番大きな衝撃は，１枚目と２枚目の変化がとても大きかったことです。

ある研修で，１枚目と２枚目が大きく違う場合，どちらが本当の被検者の像だと捉えるのですか，という質問がありました。その答えとしては，１枚目と２枚目の変化自体が，その人の本当の像なのです。そういった分析ができることに，３枚法に出会ってから初めて気づきました。

なぜ３枚法なのか？　という考え方ではなく，１枚だけではわからなかったことが３枚の連続して描くことでたくさんわかったというだけのことなのです。

頭の中で考えるより，まずはお試しあれ。

Q5　３枚も描いてもらうと被検者の負担になりませんか？

A5

確かに被検者の負担になるかもしれませんが，たとえ負担になったとしても，３枚から得られる情報の方が大きいと思います。テストから得られることと被検者の負担を天秤にかけて考えてみてください。

場合によっては，検査そのものをやらないとか，１枚だけで済ませる，２枚で済ませるということもあります。それは，被検者の状態を見て決めればいいのです。

身体を例として考えれば，レントゲンだけ撮るのか，それとも胃カメラも撮るのか，患者の状態を見極めて必要な検査を検討します。

つまり，何を知りたいのか，どの程度詳しく調べる必要があるのか，という検査者のニーズに合わせるためには，被検者に負担がかかる場合もあるかもしれないのです。ですから，ただ３枚連続して描かせるのは被検者が大変だから，という理由だけで３枚法を回避すると，被検者の内面や本当の心の叫びを聞き逃してしまうおそれがあります。

検査者はそのあたりを十分吟味してください。

Q6 バウムテストの醍醐味は何ですか？

A6

被検者に描いてもらった木を読んでいくと，本当に木が語ってくれているような感覚が得られるのです。バウムテストの勉強をしていくと，そういうものを感じられるようになります。

勉強をすればするほど，面接で言葉のやり取りをするときとは違ったその人らしさが，バウムテストでは見えてくることがあるのです。

ある養護施設に入所している子どもが描いた夢の木で，大きく漢字で「夢」と書き，その横に椅子みたいな木を描いたものがありました。その絵を見た学生に「先生，この椅子は子どもが親に抱かれているみたいですね」と言われ，そこで初めて気づいたのですが，親が恋しいという気持ちを木の絵が見事に表し，言葉で表現されるよりも切実に親を求める気持ちが伝わってきました。

これは描画全般に言えることかもしれませんが，絵は力を持っています。

みなさんにもぜひそういう経験をしていただきたいです。

Q7　他の描画テストと比べてバウムテストのメリットは何ですか？

A7

対人恐怖のある人が人物画を描けなかったり，ひどい虐待を受けた人が家テストや家族画テストとかそういう言葉を聞いただけで固まって描けなかったりする，という経験をしたことがあります。

しかし，木の絵は人物画や家族画に比べれば，そこまで侵襲性が高くありません。それがメリットです。

また，ストラのサインを用いてバウムテストを読むと，他の課題画や描画テストと比べて統計的な根拠に基づいて解釈することができます。

Q8　ロールシャッハと比べたメリットは何ですか？

A8

ウロのサインが出ることが大きな特徴です。ロールシャッハでも，傷つきの多さが表れる指標はありますが，バウムテストでは，傷ついた時期やおおよその年齢までわかります。それを被検者にフィードバックすることによって，そのころの話を引き出せるという強みがあります。

Q9　バウムテストはアセスメントだけでなく，治療のツールとしても使えますか？

A9

「日本描画テスト・描画療法学会」というものがあるように，描画テストは検査の面と治療の面の両方があると思います。絵を描いてもらうこと自体で気分がほぐれたり，より被検者の本音が出てきたりします。つまり，バウムテストも同じです。「木の絵を描いてください」と伝えるところから，実はカウンセリング（治療）が始まっていると考えると，検査者が場をコントロールしていくことも，わりと迷いなくできるかもしれません。

バウムテストを治療の始まりとし，治療同盟を作る第一歩として捉える，という考え方でもいいでしょう。

Q10 **夢の木をどのように解釈をしたらいいですか？　３枚法の夢の木は，どうして願望や困難への対処として解釈をするのでしょうか？**

A10 夢の木を「願望や困難への対処」と解釈するのは，ストラが指摘していただけでなく，私も臨床経験からわかったことです。

さらに，夢の木については，以前は被検者に対して負担をかけないものだと思っていたのですが，逆でした。夢の木というのが，ものすごい負担をかけているものだと最近気づきました。身体で言えば，CT や MRI を取るだけではなくて，造影剤を入れて撮影をするもの，それが３枚法の夢の木だと思います。

Q11 **３枚目で急に，木に見えないものが出てくると焦ります。そのときのフォローはどうしたらよいでしょうか？**

A11 別に焦らなくてもいいと思います。ただし，突然木に見えない絵を描くというのは，ロールシャッハテストでいうところのカラーショックみたいな事態が起きていると思います。そういう現象は，やっぱり３枚法で続けて描いてもらわないとわかりません。

焦るかどうかは検査者の技量にも影響されると思います。ですから，心理テストだけではなく，心理療法やカウンセリングの修行をする必要もあるのではないでしょうか。

Q12 **１枚法のバウムと３枚法のバウムを比べることはできますか？　またHTP テストや風景構成法の「木」を使ってバウムテストの解釈をしてもいいですか？**

A12 バウムテストの読み方を，他のテストに見られる「木」に応用できるのか，ということかな。HTP テストのように木が別々の紙に描かれているならば可能だと思います。つまり，空間図式，描線，木の象徴など，解釈仮説をうまく採用できるなら可能です。ただ，統合型 HTP や風景構成法などにおいては，家や人，川，山，田んぼなどが出てきて，木以外のものから影響や制限を受けてしまうので，その場合は無理だと思います。

2　実施法について

Q13　検査者によって，描かれる木の絵に違いはあるでしょうか？

A13　父親から虐待を受けた女児に，私と女性サイコロジストが別々にバウムテストを施行したら，全く違う絵を描かれたことがありました。

検査者による違いはあると思いますが，それにはこだわらなくていいと思います。カウンセリングでも，いろいろな相手によって被検者が見せる側面が変わるのと同じで，心理検査に限ったことではありません。

バウムテストも，どこで施行するか，誰が施行するかによって表れるものは異なるものだと思います。

Q14　１回きりのバウムテストの結果を被検者のパーソナリティと決めていいのでしょうか？

A14　そういうことにはこだわらなくていいと思います。

検査者によっても違いが現れるのと同じように，そのときそのときのバウムテストも結果に違いがでることはあります。いつ，どのような状況で実施したバウムテストなのかを所見には示す必要がありますね。

Q15　その日によって木の形などは変わると思いますが，それでもその人のパーソナリティはわかるのでしょうか？

A15　パーソナリティというものは，その日によっても場所によっても，相手によっても違ったりするものだと思うので，描かれたものを丁寧に読むということでいいと思います。

人の性格というものを何か絶対不変の真理みたいなものだと思っていませんか。人間は場面や向きあう相手によっても変わるのが普通であり，それも含めて性格なのです。

1）利き手

Q16 利き手によって解釈は変わりますか？

A16 左利きの研究などもありますが，特に変えることはしていません。しかし，描線の方向や描画の方向性を検討するときに，考慮する必要があるかもしれません。

2）年齢

Q17 バウムテストは何歳から実施できますか？

A17 3・4歳からでしょうか。鉛筆を保持する能力の発達と，筆先の動きを目で追えるようになれば可能だと思います。

Q18 同じ形態の木でも，描いた人の年齢によって解釈が変わるのでしょうか？

A18 はい，変わります。例えば，「小さすぎる木」は4歳頃までなら問題ないですが，成人が描いたのなら，何らかの精神的問題があると解釈されます。

Q19 ストラのサインは児童を対象としていますが，大人の場合も同じようにサインを読んでもいいのでしょうか？

A19 ストラは児童を対象としたサインではありますが，大人の場合でも同じように読めると思います。

3）用具

Q20 用紙はどのようなものを使ったらよいですか？

A20 無罫の白いA4あるいはB5のコピー用紙でいいと思います。画用紙などもいいですが，薄い方が保存しやすく，また3枚を重ねて比較しやすいので，コピー用紙を使用しています。罫線があると，幹や枝の描線が，その罫線の影響を受けてしまうおそれがあるので，不適当です。

用紙の大きさは，被検者の精神的エネルギーを考慮して，どちらの大きさにするか判断しましょう。10歳未満の子どもや老人の場合には，小さいB5用紙の方がいいかもしれません。

Q21 筆記用具はどのようなものを用意したらよいですか？

A21 鉛筆だと，固すぎず，柔らかすぎない2Bがいいと思います。鉛筆以外に万年筆やボールペンでもいいですが，筆記用具によって，描線が把握しやすくなったり，逆にわかりにくくなったりすることが多く，一長一短があります。

鉛筆だと，描いているときに，力を強くしたり弱くしたりしても，あまり変化がわかりません。ですが万年筆だと，筆を止めるとそこが滲みます。そうするとここは停滞した，ここは滑らかに線を引いた，ということがよくわかります。鉛筆には限界があることを理解しておいてください。

ちなみに，シャープペンシルを使うと，全部が鋭い線だけになってしまうので，やめたほうがいいと思います。

Q22 消しゴムは使わないのですか？

A22 一度描いたものは残してほしいので，消しゴムは使いません。もし，描き直したいと言われたときには，必ず3枚で仕上げてもらうということではありませんから，別の用紙をあげるか，裏側に描いてもらうことをお勧めします。

その際，描き損じたもの，描き直したもののどちらを一枚目として採用するかという問題が生じますが，それは描き直したものを1枚目として採用するべきだと思います。

また，定規，コンパスは禁止してください。

4）彩色

Q23 被検者が「色を塗りたい」と希望した場合，どうしたらいいでしょうか？

A23 「用意していないから，鉛筆で描いてね。色を塗るのはまた今度ね」と伝えます。もし色を塗ったものがあったとしても，それはバウムテストの描画サインを拾って解釈することはしません。

描画療法として好きな色を使って好きなように描いてもらうのであれば，好きに描いてもらえばいいですが，バウムテストとしての所見を得るためには，色をつける道具は用意しないほうがいいでしょう。

5）インストラクション

Q24 検査の導入，終了後にどのような言葉をかけたらいいですか？

A24 いろいろな伝え方があると思いますが，検査の導入では「あなたのことが知りたいから……」，「これはみんなやることになってるんだけど……」と伝えています。「どうして描かなきゃいけないのですか？」と言われないように，「やることになっていますから」と。内科に来たら検温するのと同じです。

バウムテストが終わったら，「ありがとう。おつかれさま」と声をかけています。

Q25 「実のなる木を描いてください」，「1本の木を描いてください」など教示が微妙に異なるのですが，どれが正しいのですか？

A25 教示の仕方は研究者によってさまざまであり，どれが正しいかはわかりません。

コッホの教示は，「果物の木を描いてください」というものです。春には花が咲き，秋には実がなって冬には枯れる，というように四季折々に変化する木を描いてくださいという意味で「fruitie」なのです。つまり，「with fruits」という意味ではありません。これはコッホの教示でもストラの教示でも同じです。すなわち「実のなる木」という教示ではないのです。日本では誤訳の多い英語版から翻訳されたものを使っていたので，教示に関しては誤解がうまれています。

詳しくは第1章を参照してください。

Q26 「描けません」と言われたらどうしたらよいでしょうか？

A26 こちらとしては「あなたのことが知りたいから絵を描いてもらいたい」ということをもう一度伝えてみてもいいと思います。

被検者は木の絵を描くか，描かないかということで頭がいっぱいなのかもしれませんが，検査者は描画拒否も含めて，そういうときにどういう態度を取ったのかを被検者を知るための大事な情報として捉えることが大切です。つまり，絵を描くという場を設定し，そこでの被検者がどう反応するかという情報を手に入れることができれば，それで十分なのです。

ですから，被検者に無理に描かせようとは思わず，「描きたくない」と言ったことも１つの情報だと考えて焦らないでください。

Q27 「木」と文字を描いた被検者がいました。どうしたらよかったのでしょうか？

A27 文字も描線からできているので，文字だけを描いた場合でも，その描線のタッチなどを知ることができます。ストラのサインの中には描線に関するカテゴリーがあるので，文字の描線からだけでも読み取れることがあります。

それに，木という文字を描いた位置も分析の対象になります。例えば，線を１本でも引いたら，それも分析の対象です。ストラの描線や形態，空間図式のサインを用いていきましょう。絵をどう読むかということだけにこだわらず，木という文字を描いたとしても，それがどう描かれたかという視点で分析していくのです。

そういった場合も，３枚法が役に立ちます。３枚とも文字を描く，という可能性は低いです。

Q28 「木を描いてください」という教示に対して，自分でどのような絵を描いたらよいか選択できず，検査者に委ねる場合はどうしたらよいですか？

A28 こういう人は，優柔不断であったり，自分で決断できなかったり，うつ的であったりという場合が考えられます。あるいは，検査者を試していることもあります。ですから，自分で決断できないということ自体を解釈しましょう。自分で決められないという態度は，受け身的に構えていながらも，したたかな防衛があることも読み取れます。

Q29 教示のあとに被検者が「大きい木を描いた方がいいですか？」と聞いてきたら，どのように答えたらいいですか？

A29 被検者の言動はバウムテストの描画解釈の材料にはなりません。しかし，被検者のパーソナリティを考える上で，テスト時にどのような態度を取ったのかということは参考になると思います。

描画に表れる特徴と，描画時の態度や様子というのは，どちらも被検者を理解するためのデータとなります。バウムテストを読む上での描画の情報と，描画時の言動は分けて考えます。

Q30 被検者が明らかに木ではないものを描いた場合，どうしたらいいですか？

A30 これも一つの反応だと捉えればいいです。明らかに木ではないものを描いた，ということですが，被検者は木を描いたつもりでいるかもしれないですし，一方で検査者への反抗心から明らかに木ではないものを描いている場合もあります。

もし，木を描こうと思って「明らかに木に見えないもの」を描いたなら，対人接触が困難だと解釈されます。

Q31 用紙を縦に渡したのに横に使った場合，どうしたらいいですか？

A31 そのまま描いてもらっていいです。横書きというのはストラのサインにも解釈が書かれていますので，それをもとに読み取ります。あるいは，現在の状況に対する「不適応感」と解釈されます。

用紙の向きについて質問が出た場合は，「どちらでもいいです」と答えています。

Q32 実際の木や写真の木などを参考にしながら描いた場合でも解釈できますか？

A32 できます。描線のタッチから分析できます。形態をそっくりに描いたとしても，違うところがあるはずです。

Q33 「写生しないと描けません」と言われたら，どうしたらいいでしょか？

A33 たとえ写生して描いたとしても，その描線から読めることはあります。

バウムテストを読むときに一番大切なのは，形態ではなく空間図式なのです。どんな形のものを，どのくらいの大きさで，用紙のどの位置に描いたのかということから，かなり多くのことがわかります。写生するといっても，はみ出すような描き方をする人もいますし，本当に小さな木を描く人もいるので，どういう描き方をするのかを見ていくことが重要であって，写生するということには，それほどこだわる必要はありません。

6）実施時期

Q34 **バウムテストはいつ実施すればいいですか？**

A34 いつでもどこでも，何度でもOKです。描いた状況によって，絵はそのときどきの被検者を表しているのです。必ずしもこういう状態のときにテストをしなくてはならない，といった原則はありません。

ですが，バウムテストは面接の導入になることが多いです。テストを行いそこからわかった情報を基に面接を進めていくといろいろなことを話してもらえるかもしれません。「私の性格はどんなですか？」などと聞かれた時には腕の見せ所ですよね（笑）。

自分自身がどんな人なのかを見つめさせるとともに，これから始まる治療の動機付けを高めるためのいい機会にできるといいと思います。

7）描画を見合わせるとき

Q35 **被検者の状態によって実施を控えた方がよい場合はありますか？**

A35 初めからこういう人にはやらない方がいい，というのはわかりません。

ほかの心理テストと同じように，「これは皆さんにやってもらう検査なのです」と伝えて検査に誘導します。

その段階で被検者が「描きたくない」と希望した場合は，無理に描いてもらうことはしません。どういうときに実施を控えた方がよいというのは，実際に被検者に描画を勧めて声をかけてみないとわかりません。とは言え，被検者を見て明らかに状態が悪かったら，検査は控えると思います。また，被検者が鉛筆を持てるような状況でないならば実施しません。

Q36 **「状態の悪さ」をもう少しわかりやすく説明してください。**

A36 感覚的なところもあるので，言葉で説明することは難しいのですが，先ほども言いましたように，鉛筆が持てないような悪い状態ならば，検査はしません。

また，カウンセリングと同じように，今日会ってみて，話すのはまずいな，と思ったり話をするとかえって関係を崩してしまうのではないか，というようなことが頭をよぎった場合も実施しません。「今日はやらない方がいいな」という検査者の判断が大切です。

そもそも，どういうときに実施を控えた方がいいかという質問をする方は，被検者に声をかけたときに拒否されるということに臆病だったり，断られたときに検査者の自尊感情が傷つけられることを恐れていたりする傾向の強い方のような気がしますので，そういう点も見つめ直す必要があるかもしれません。

8）描画後の質問

Q37 **施行後の質問はどうしたらいいでしょうか？**

A37 基本的には，質問しません。ただし，3枚目の夢の木で何を描いているかわからなかった場合は「何を描いたのですか」と質問します。

なぜ，施行後の質問をしないかというと，バウムテストは木を描いてもらうこと，すなわち，無意識の自己像を描いてもらうテストだからです。しかし，描画後に何の木を描いたのかを質問し，被検者に言葉で語ってもらうと，それは意識化できる部分を聞いているということになってしまうからです。

しかし，3枚目の夢の木を描いてもらったとき，何が描いてあるか，がわからない場合は，確認のために「何を描いたのですか？」と質問します。それはバウムテストを読む際に3枚目の画が重要だからです。ただし，確認のために質問するだけで，被検者がどのように答えたとしてもそれを解釈に加味することはしません。

3　時間，中断，トラブルへの対処

1）時間

Q38　標準的な描画時間はどのくらいですか。描画時間による解釈はあるのでしょうか？

A38　すべてのテスト時間を計測してまとめたわけではないのですが，標準的な描画時間は5～10分，あるいはもう少し長いくらいが標準だと思います。

描画時間が1分～2分以内だと，本当は描きたくないけれど，描くようにいわれたから渋々描いているような態度が反映されているのかもしれません。

描画時間が20分～30分と長い場合には，自分の内面をわかってほしいといった表れかもしれないですし，検査者と一緒の時間を共有したいという気持ちが表れていることもあるでしょう。

どれくらいの時間をかけて，どれくらいの木を描いたか，という見方が解釈では重要です。

木の絵を「描いてください」と検査者がいってから，しばらく腕を組んで待っていて，ようやく鉛筆を持ったり描き出すと時間はかかります。その場合は，教示し終えてから描き終わるまでの時間と，鉛筆を持って描き始めてから描き終わるまでの時間と両方を記録しておくといいと思います。

Q39　あっという間に描いてしまう人には，どう声をかけたらいいですか？

A39　「はい，ありがとう」でいいと思います。

こういう場合，検査者の反応を探っていることが多いので，それを観察することが大切です。検査者がどんな反応をしてくれるか，どういう言葉をかけてくるかを被検者は見ているのではないかと思います。

検査者は，被検者の眼差しを意識してください。絵そのものの解釈とは別にして，本人のパーソナリティや対人関係面での構えを理解するには有益な情報です。

2）中断

Q40 検査を始めたものの，時間がない場合はどうしたらいいですか？

A40 どうしても時間がないときには，「今日はこのへんにして，この続きはこの次やりますね」と中断してもいいと思います。

Q41 被検者が木の絵を描けないときは，中断した方がいいでしょうか。

A41 例えば，検査者がさりげなく時間を測り，1分〜2分くらい待っても被検者が描けないようであれば，中断した方がいいと思います。それ以上長いと，沈黙も気になりますね。

そのようなときは「またこの次にしましょう」と声を掛けるのがいいかもしれません。そして，相手が責められたような気にならないように注意しましょう。

Q42 「夢の木が描けない」といわれたらどうしたらいいですか？

A42 「わかりました，やめましょう」と伝えればいいと思います。1枚目から拒否することもあるし，2枚目になったら嫌だということもありますよね。3枚目に限らず，描けないといわれたら，どういうふうに拒否したり断ったりしたのかを記録し，中断していいと思います。夢の木が描けないということは，よくあります。しかし，検査者がテストを取って所見を作る，ということばかりに目を向けていると，被検者が絵を描く描かないということにこだわってしまいがちです。描いたことからわかることもありますし，描かないということから解釈できることもあります。

Q43 被検者が拒否して，テストを中断した場合，どのように働きかけたらいいですか？

A43 相手によりますが，「今度またお願いすることがあると思うので，そのときには協力してね」と伝えましょう。カウンセリングのコツとも似ているのですが，いつも次回に繋げるように終わるというのが大切だと思います。

Q44 ずっと絵を描き続ける人は，止めた方がいいですか？

A44 以前，1枚の絵を描くのに3日かかった人がいました。

非常に長い時間描いていて，被検者が疲労困憊している場合や検査者に気を遣って絵を描き続けているような場合には，検査者の判断で止めていいと思います。

Q45 宿題として描いてもらうこともできますか？

A45 場合によっては宿題として出してもよいと思います。最初から持ち帰ってもらって，「木の絵を描いて次会うときに持って来てください」という方法もありますし，描いている途中で一旦やめて，「あとは自分で描いてきてください」という方法もあります。

どういう状況で描いたのかを被検者から聞き，メモとして書きとめておくといいと思います。宿題であったとしても，絵の中のサインを忠実に読み取っていく作業は同じことです。

3）トラブルへの対処

Q46 **被検者が木をごまかして描いたとしても読み取ることができますか？**

A46 私は，最初から全部ごまかしだと思っています。「真実のパーソナリティ」というものは存在せず，すべては事実であるし，またすべては偽物だというのがパーソナリティなのではないでしょうか。

人間はそのとき，そのときで別の仮面をかぶっているので，「被検者がごまかそうとしている」という発想は持たない方がいいでしょう。「一期一会」で，そのときに出会って画を描いてもらっているだけなのです。

Q47 **描画中に被検者がいろいろ話すときにはどうしたらいいでしょうか？**

A47 バウムテストは「描画を介してのカウンセリング」です。検査者がいろいろ話すとき，私は「うん，うん」と相槌を打ってうなずいています。問いかけに答える必要はありません。決して，検査者からの刺激を与えないことがコツです。「見透かされているのではないか」という不安から多弁になることもあるので発言は記録しておきましょう。それが被検者の防衛を理解するのに役立つこともあります。

4 検査態度・観察ポイント

Q48 検査中に被検者のどのようなポイントを観察したらいいですか？

A48 カウンセリングのときにクライエントがどういう態度や姿勢を取っているかということは，とても大事なことです。

鉛筆の持ち方や，描いているときの姿勢，態度，言動も記録しておくといいと思います。ときどき，描線のタッチが3枚で変化する被検者もいます。そのときは同じような姿勢で描いていたのかどうか，つまり，1枚目のときは緊張しているが，2枚目のときは慣れが出たのか？　とか「え，またか」といいながら描くとか，何も言葉をいわずに黙々と描いていたといった姿勢や言動を把握しておくことが大切です。

Q49 検査中に検査者はどのようにしていたらいいでしょうか？

A49 実施しているときには，時間を測ること，被検者が木を描きながら何か話したら，その内容を記録してください。また，描線が上から下へ向かうのか，それとも下から上へ向かうのか，線を描くときの速さがどれくらいなのか，ということも観察しましょう。

Q50 検査中は，何をどの順番でどのように描いているかをメモした方がいいですか？

A50 その方がいいですね。どこからどういう方向に描いていったかをメモするといいと思います。空間図式を読み取ることが大切ですが，それは，被検者が最初にどこに鉛筆を置いて線を引いたのか，ということで決定されることが多いので，チェックするといいと思います。

5　サインの解釈・精神疾患との関連

Q51　バウムテストを象徴･印象ではなく『サイン（記号）で読んでいく』とはどういうことですか？

A51　生活の中には,決まっているルールがありますよね。例えば信号。青だと「進め」で，赤は「止まれ」です。これはみんなが知っています。けれど「枝が太い,細い」とか,「幹が太い,細い」といったら,それを太いと思うか，細いと思うかには基準がないので，人によって受け取り方が違います。

そういったことをより少なくするために，皆が同じように納得できるサイン（記号）にするのです。ただ，サインの意味が絶対とも限りません。被検者を理解していく上で隠された意味をいろいろな角度から掘り起こしてください。

Q52　バウムテストの解釈方法にはさまざまな立場がありますが，複数の考え方の違いはどうとらえたらいいですか？

A52　複数の考え方として，コッホ，ストラ，ボーランダー，カスティーラなどが挙げられます。まずそれぞれの研究者によって,樹冠や幹,根っこなど，木の定義や意味，象徴性の考え方が違います。『バウムテストの読み方』の巻末の対比表を見ると，それぞれの研究者のサインが違うことはわかりますが，その意味を比較することは簡単ではありません。

例えば，ウロについては，コッホ，ボーランダー，ストラで解釈が異なります（コッホは，傷ついた体験が何歳にあったかのを示すヴィトゲンシュタインの数式を紹介し，ボーランダーはヴィトゲンシュタインに加え，HTP の樹木画におけるスカー（傷跡）の考察に触れています。ストラはダメージの残る失敗，自己愛的な傷つきの意味のみを抽出しています)。

それぞれの違いがわかると，理解が深まることは確かです。その上で，大切なのは被検者の心を読み取ることですから，さまざまな解釈からの“いいとこどり”でいいと思います。

Q53 研究者によって考え方に違いができた流れを教えてください。

A53 バウムテストの歴史を見ていくと，その人たちの関係がよくわかります。

1949 年，コッホが『バウムテスト』を出版し，それをストラがフランスに紹介し，コッホの第 3 版にあたる書籍のフランス語訳が出ます。その後，1975 年にストラが『バウムテスト研究』を出し，2 年後の 1977 年にボーランダーがアメリカで『描木画によるパーソナリティの理解』を出しています。1996 年にはアヴェ＝ラルマンも『バウムテスト—自己を語る木』を出しましたが，彼女は筆跡学者で，描画サインをほとんど使わずに，象徴や筆跡学的な解釈を用いていました。1994 年に『バウムテスト活用マニュアル』を出したカスティーラはストラの 4 枚法を簡略化して 3 枚法にしました。

Q54 それぞれの特徴を教えてください。

A54 コッホのサインのベースとなっているのは，年齢ごとの発達です。発達に合わせて，どのようなサインが増えて，どのようなサインが減っていくのかを表にしました。

ストラは，統計的な裏付けをとって，位置，大きさ，はみだしなどの空間図式のサインを抽出しました。

コッホとストラはデータを集めて研究しましたが，ボーランダーは一切そういうデータを出していません。「アベール神父の教えに従って」とあり，おそらくボーランダーのサインの多くは，コッホとストラのサインを参考にしながら独自に作ったものだと思います。ボーランダーの特徴は地面と根とウロのサインが豊富なことです。

カスティーラは，不安を表すサインや抑うつを表すサインは何か？ など，症状から描画サインを逆引きできるようにしました。

カスティーラの本では空間図式がほとんど意識されていません。

Q55 どの研究者の考え方をお勧めしますか。

A55 統計的に裏付けがあり，どのように描画サインの心理学的意味を抽出したかを明示しているストラでしょうか。ただ，診断名や病名，症状との関係については統計的に処理できていないので，ストラのサインには限界もあります。例えば，こういうサインだったらその人は身長が高い，こういうサインだったら不登校，というのはわからないのです。

それでも，ストラのサインは精度が高く，読み取るのに切れ味が鋭いと感じます。

Q56 バウムテストを読むためのコツはありますか？ 読み取れた情報が多く，何を採択したらいいか迷ってしまいます。

A56 「木の絵を見ると何かが見えてくる」（笑）と言うと説明になっていないと言われてしまいそうですが，実は，サインの採択についてはうまく説明できません。皆さんにとって，いまわかりやすいのではないか，と思う方法を紹介します。

第１段階は，サインをすべて頭の中に入れることです。まずはストラのサインを中心に，どういったサインがあり，どういう意味を持つのか，頭の中に叩き込むようにしましょう。ストラのサインは149個ありますから，149個の単語を覚えていく感じです。（『バウムテスト研究』pp.24 ～ 51，みすず書房）

第２段階は，参考書を見ずに，木だけを見て，目についた木の特徴をメモしていきましょう。被検者が描いた木を自分で描いてみるのもいい方法です。自分では気づかない被検者の絵の特徴に気づくことがあります。

第３段階では，ストラ，カスティーラ，ボーランダーなどのサインを拾い，サインの意味を書き出し，情報を整理していきます。第２段階と第３段階の作業を繰り返していくと，だんだんとサインに慣れていく感覚がつかめると思います。

第４段階では，たくさん拾ったサインを取捨選択する作業になります。所見を書くときには，サインは大体５個から７個に絞ります。サインの意味を並べると，意味が似ているものや共通しているもの，これでもか，というくらいに繰り返し出てくるサインが見つかります。また逆に，相反するサインも見つかるはずです。これらから，サインの意味が指し示す木全体の方向性を見ていきましょう。

さらに慣れてくると，重要なサインや所見に使えるサインがわかってくるはずです。外してはいけないサイン，盛り込む必要のあるサイン，逆に無視していいサインなどを取捨選択します。読み手にインパクトを与えるサインもあれば，大したことのない意味であってもそのケースにとっては重要な意味をもたらすサインもあります。

Q57 バウムテストを読めるようになるための勉強方法（トレーニング）はありますか？

A57 いまバウムテストを使っている人ならば，ケースを通して学んでいきましょう。描画終了後にフィードバックしなければならない，という状況があれば，ストラのサインを覚えて使っていくことが身につくのも早くなると思います。その場合，自信のあるところとないところがあると思いますので，そのときにわかった範囲で簡単に伝え，詳しくはその次お会いしたときにお話しします，と伝えましょう。被検者のことを本当に知りたいという思いがバウムテストを読むエネルギーになるはずです。サインを収集するトレーニングとして，本書に載せた「３枚法バウムテスト分析表」を利用すると漏れは少なくなると思います。

他にトレーニングとしてお勧めなのは，セミブラインドで読む方法です。被検者の年齢，性別，IQだけで描画を読んでいきます。ただ，これだけで所見を書くことは危険ですから，あくまでもトレーニングとして試してください。

所見は診断の補助や今後のその人の人生を考える上で重要な情報ですから，成育歴や現在置かれている社会状況をいろいろと吟味する必要があります。

あとは，自分だけで進めるのではなく他の人の意見を聞くことも勉強になります。バウムテストの研修会や講座もあるので，ぜひ参加してください。

Q58 バウムテストと精神疾患との関連はありますか？

A58 統合失調症や躁うつ病など，診断名ごとに被検者の描画を集めて，その人たちが描いた絵はどのような傾向があるか，という研究が進んではいるのですが，確実なものはありません。

Q59 統合失調症・躁やうつが疑われるサインは何ですか？

A59 ストラ監修『バウムテスト』（金剛出版）の第２章 臨床的研究を担当したカストロ・カルネイロが精神病者のバウムテストについて報告しています。

私の経験からお話しします。

統合失調症発症間もない時期と，５～10年経ってからの被検者の絵を比べると，まず発症間もない時期は３つのサインが出ています。①木が用紙上厳密に中央に位置する（サイン番号 29b），②地面と根が離れていて不安定さが出ているもの，③用紙からはみ出す大きな木もあります。

慢性期になると，左右対称（シンメトリー）構造の木が多いような気がします。

うつや躁については，カスティーラを勉強するのがお勧めです。抑うつのサイン，あるいは躁うつのサインが出ています。空間図式からは，うつといえば，樹冠や枝が下向きであることが多いです。

ただ，このサインが出ていたら必ずうつ病，という断定はできないことに注意してください。

6　フィードバック・所見

Q60　所見はどのように書けばいいでしょうか？

A60　医療機関の書式，相談機関の書式，本人に説明する場合の書式……などいろいろな状況があると思います。バウムテストの所見は，感情・情緒の領域，社会的領域，知的領域の3つに分けて書くように意識することを勧めています。

所見の具体的な書き方は，コッホ（カール・コッホ著，岸本寛史他訳『バウムテスト第3版』pp.273～310，誠信書房）とストラ（ルネ・ストラ著，阿部惠一郎訳『バウムテスト研究』pp.292～391，みすず書房）の事例提示を参照してください。

それから，所見を書く際に心掛けてほしいのは，根拠の明示です。どういったサインを読んでこういう結論になったのか，という道すじを書いてください。また，ほかのテストにも共通することですが，テストからどういうことがわかったか，ということだけでなく，今後被検者の治療にあたる上でどういう働きかけをしたらよいか，どういう面接や治療を展開していくとよいか，までを含めてください。バウムテストを治療に応用していくことが大切です。

Q61　フィードバックの方法を教えてください。

A61　バウムテスト1回限りの付き合いか，それともその先も面接を続けていくのか，で伝えることが変わると思います。1回限りならば，問題ない程度に答えればいいのですが，テスト後も面接を続けていくのであれば，これからの面接の展開も考えて言えることを伝えています。被検者から「それだけですか？　ほかにはわからないんですか？」と言われることもありますが，その時は「それは秘密だよ」と答えています。

Q62 フィードバックでいってはいけないことはありますか？

A62

「これはいってはいけない」ということを，初めから決めたことはありません。「被検者を傷つけることはないですか？」と聞かれそうですが，そもそも，治療をするということ自体，場合によっては傷つける行為があるかもしれないのです。

“傷つき”という「危険」は，治療をしていく上で表裏一体のものだと思います。常にそのことを意識して相手と接していかないと，何もやっていないに等しくなってしまいます。

Q63 フィードバックはどのタイミングでしたらいいですか？

A63

「迷ったら，いうな！　やるな！」です。

いおうかいうまいか，考えてしまったときにはいわないようにしています。その方が危険は少ないと思います。

いつ伝えようかな？ と思っているときは，伝えることも頭の中に一緒に浮かんでいるはずです。タイミングとしてはそのときでいいのではないでしょうか。それが決まればどのように言えばいいか，何を伝えて何を伏せるべきか，という内容も決まってくると思います。

Q64 フィードバックを被検者が否定した場合はどうしたらいいですか？

A64

「絵には，そう描いてあるけどね……違うかな？」というように，否定したことを否定せずに，具体的なサインを示していったらどうでしょうか。

例えば，ウロについて「ここらへんで何か傷つくことがあったんじゃないかな」と投げかけると，違う時期をいってくるかもしれません。そういった会話のやり取りも，面接の延長と考えていいと思います。

Q65 **親子関係でネガティブなものが絵から読み取れた場合は，どのようにフィードバックしたらよいでしょうか？**

A65 あくまで「絵がそう語っている」ということで「書いてもらった絵ではお母さんが苦手だって出ているんだけど……」と投げかけてみたらどうでしょうか。

そうすると，「え〜逆だよ〜」とか「わかる？」など何らかの反応があると思います。そのようにフィードバックの内容が引き金になって子どもの親に対するいろいろな感情が出てくれば面接は進んだことになると思います。

Q66 **親子関係のネガティブなものを親御さんに返せない場合はどうしていますか？**

A66 そういった場合は，慎重になってください。裏には虐待などが隠れている場合もあります。本人が，学校の先生など，信頼できる人に話している場合もあるので，周りの状況を調べてみてください。

7 学習方法

Q67 バウムテストを始めるにあたって勉強しておくことはありますか？

A67 必要な知識は，性格心理学，発達心理学，異常心理学，それから知能についてです。サインの収集だけに終わってしまうとうわべだけの知識になりますから，このような素養が必要です。心理検査の勉強だけでなく人間を見るトレーニングをしましょう。小説などを読んで，いろいろな人物像，性格描写を学ぶことも役に立ちます。

Q68 性格心理学が役に立つのはどんなときですか？

A68 所見を書くときには，性格についての用語をいろいろ知っておく必要があります。それを知らずに，サインを使っても豊かな表現になりません。

医療機関にいるならば，統合失調症やうつ，躁うつ病の病前性格を知っておくとよいでしょう。特性論の性格用語も性格を表しますし，心理検査の数だけ性格についての定義がありますから，それぞれの検査が表す性格についても知っておくと，深みのある所見が書けると思います。また病的な性格についての表現だけでなく，健全な性格についての表現も学んでおきましょう。

Q69 異常心理学が役に立つのはどんなときですか？

A69 例えば不安のサインを見つけることができても，不安の意味や本質を理解していないと，被検者を立体的に見ることができません。

また，症状はいろいろと絡み合っているため，これは不安のサイン，これは抑うつのサインというように簡単には分けられないことがあります。不安と抑うつが合併しているパーソナリティもあれば，どちらかだけが際立っているパーソナリティもあります。

普通のうつ病ではそれほど不安が強くはないですが，70 歳前後の年齢になると「激越性うつ病」といって，じたばたした不安だけが前面に出て，抑うつ症状が表に出ないことがあります。

異常心理学の知識があれば，サインの裏に隠れている症状を読むのに役立ちます。

Q70 知能検査が役に立つのはどんなときですか？

A70

知能検査は，テストバッテリーとしてだけでなく，それ自体が優れた性格検査であり，絶対に必要な検査です。

バウムテストを読むにあたっては，IQ がわからないとうまく読めない場合があります。例えば，木がとても大きすぎたり，バランスが悪かった場合，IQ が普通域であれば，形態が稚拙であることで情緒的な問題が指摘できます。ですが，IQ が低い場合は，そういった問題がなくても稚拙さが現れることがあります。また形態が不良である場合，強いストレスにさらされているか，精神疾患に罹患している可能性もありますので，描画の評価には IQ が必要です。

今後，知能検査と描画との関連を扱った研究がさらに進むはずです。

Q71 筆跡学はどのように学んだらいいですか？

A71

フランスやドイツでは性格を理解するための本も出ていますが，日本にはありません。日本での筆跡学は，筆跡鑑定のことです。

筆跡学では，描線，動き（運筆，リズム），空間（配列，連続性，大きさ），形態，構成，調和，統一性，方向を分析していきます。

描線の種類，筆圧の強弱，描線の端についても押さえておくとよいでしょう。ただし，描線は原画とコピーとでは微妙な差異が生まれること，また海外ではボールペンや万年筆（筆跡を読み取ることが容易）を用いることが多いため，参考例を，鉛筆を用いる日本の描画にそのまま適応するのは難しいことがあります。

Q72 どのような本を読めばいいですか？

A72 巻末に参考文献を載せました。それぞれにコメントを付けましたので，自分に合った文献を選んでください。

8 文化による違い

Q73 国や時代によってサインの意味は違いますか？

A73 コッホはスイス，ストラはフランスでバウムテストの研究をしています。それぞれ国も言語も被検者も違います。西洋で作りあげられた描画サインを，そのまま日本人に適応していいのかという問題はありますが，この点については，適応できるかもしれない，と楽天的にサインを採用し始めました。

描画サインからその人となりや性格が浮かび上がるという体験に，国や時代による違いはないと感じています。

Q74 国によって木についてのイメージは違うのですか？

A74 風土によって，木の種類や量も変わります。木を描くことに地域差はあると思いますが，北海道と沖縄で描いてもらった木を比較検討した研究では，分析の仕方にもよるのですが，木自体の差は出ていませんでした。

ただ，象徴については，国や時代によって異なるように思います。これについては，フェルナンデスが，スギ，桜の木，イトスギ，マツ，リンゴなど，さまざまな木の象徴について紹介しています。柿は，「何等かの出来事を象徴している，柿（果実）は繁栄の願望を表現」していると記述されています。柿はフランスにはなく，日本が原産のエキゾチック・フルーツなのです。

最後に，木を表す括りの問題があります。例えば，韓国では竹も木に含まれ，「木を描いてください」と言うと竹を描く確率が高くなりますが，日本では木と竹は別に考えます。ですから，バウムテストに竹が出現することは稀です。

第3章

木を読んでみよう

1　木を知ろう

連続する3枚の描画から受ける印象，気づいた点を記録し，さらに5つの作業仮説を基にして3枚の変化について注目するように述べたが，すでに第1章で変化の注目点に関して形態・構成に重きを置いたような気がすると書いたので，作業仮説をできるだけ拾い集めることができるように「分析表」を作った。さらに「1つの描画サインは，全体との関係において初めて病理学的な価値を持つ」と書いたが，『バウムテストの読み方』のサブタイトルを「象徴から記号へ」としたので，バウムテストの読み方として象徴的解釈が排されて，描画サイン（記号）一辺倒になった印象をもった人もいるかもしれない。ストラの描画サインとその意味の抽出は素晴らしく，統計的な分析という客観性も兼ね備えている。しかしストラの描画サインの意味でも木の象徴性が見られる。ストラの描画サインを基本にして5つの作業仮説に分けているが，コッホを初めとする多くの研究者たちの業績にも目を向けなければならない。『バウムテストの読み方』の「サイン一覧」が参考になると思われる。さらにストラ監修『バウムテスト』（2018年，金剛出版）の中のアントワネット・ミュエルが書いた「第3章　ルネ・ストラの方法とその応用」にある描画サインの意味をストラ『バウムテスト』（2011年，みすず書房）と比較し，誤訳を訂正して転載した。

5つの作業仮説どのようなものを示しているのか明らかにし，象徴的解釈

バウムテスト分析表

	検討項目	第1の木 （　分　秒）	第2の木 （　分　秒）	夢の木 （　分　秒）	備考
空間図式	用紙上の位置（26～34d） 木の高さ（97～100）・樹冠の高さ（101～107） 樹冠の幅（113～116,119）・樹冠部と幹の比（108～112） 用紙からのはみだし（120～124） 変化（100b,117,118）・上下左右の傾斜と方向性（p.184）				
描線	描線の交叉（23～25） 描線（125～143,145） 陰影（69～77b）				
描画の構成 木の形態	木に見えるか（現実的な木・抽象的な木） 教示と異なる描画（1～5） シンメトリー構造（15～22b）・菱形模様（55c～61） 幾何学模様（146）・枝がない（148） 冠下枝（78,79）・テタール型（51～52b）・風景（4）				
木の象徴性	地面（6～9b,147,149） 根（10～14） 樹冠（35～50,62～65i,144,146）・枝（53～55b,65g,148） 幹（81～89,95～96b,146） 葉（59b）・花（65f）・実（マル 37,38）				
特殊サイン 象徴サイン	擬人型（冠下枝，顔，歩き出しそう） ウロ（80） 性的表現（p.91～p.96） 金のなる木，クリスマスツリー，家の形をした木				
備考欄 3枚の変化	変化（100b,117,118） パターン分類（ABC/AAB/AAC/ABA/ABB） 二本線の根の出現は何枚目か				

カッコ内の番号はストラの描画サイン番号。

ストラの描画サインになくても，気になる描写が見つかれば，コッホ，ボーランダーなどを参照。

空間図式の読み方は，『バウムテスト研究』（みすず書房）の解題に詳しく掲載してある。描画を見て計測するだけで描画サインの読み取りができるので，空間図式から読み始めるのが読み方として入りやすい。

描線については，『バウムテスト』（金剛出版）を参照。

木の形態・構成については，『バウムテスト活用マニュアル』『バウムテストの読み方』を参照。

木の象徴性については，ストラ，コッホ，ボーランダー，阿部を参照，特殊サインについては『バウムテストの読み方』を参照。

とサイン（記号）的解釈について説明しよう。そうすることで，「バウムテスト分析表」に気づいたサイン番号や印象などを記入しやすくなるだろう。

1）空間図式

用紙上の位置，木の高さ，樹冠の高さ，樹冠の幅，樹冠部と幹の比など空間図式について，ストラほど厳密であった人はいない。コッホが用いたマックス・パルヴァーの「十字象徴」や村テスト，ミカエル・グリュンヴァルトの空間図式，アヴェ＝ラルマン，ボーランダーの空間象徴については，『バウムテストの読み方』を参照してほしい。

木の基本要素は，樹冠・幹・根である（図1・図2）。この基本要素の中では，根が省略されていることが多いが，樹冠と幹が描かれていれば木の絵と見ることができる。木の部位を図示してみる（図3）。樹冠を形作るのは，樹冠輪郭線で，樹冠輪郭線がなければ，幹の輪郭線から続く枝の構造が樹冠を表す。図3の場合，アーケード型の樹冠輪郭線があるので樹冠はわかりやすい。

図1　描画例

図2　用紙全体の描画例

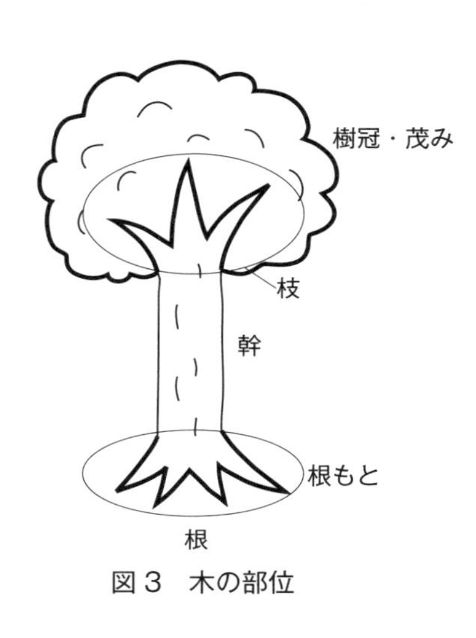

図３　木の部位

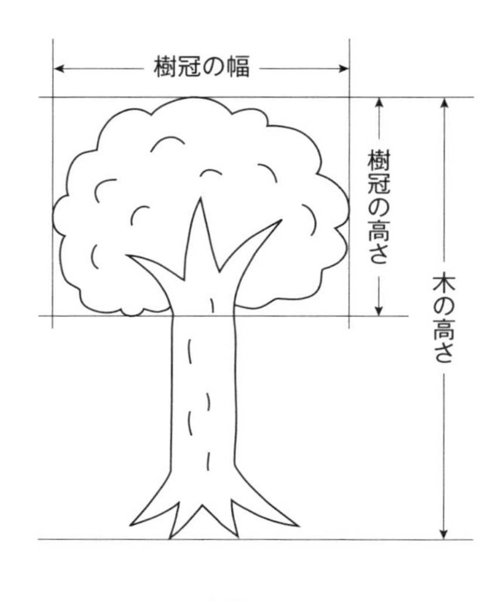

図４　空間配置

樹冠の形は木の基本要素の中でも最も木の形態の判断に影響を与える。樹冠を表す用語には，樹冠以外に，茂み，樹冠部がある。茂みとは樹冠内部のことで，枝，葉，実などが描かれている。図３では，短い曲線が樹冠内部に見られる。

樹冠部という表現は，幹との区分の比較などで樹冠の領域を示す際に用いられる用語である。樹冠輪郭線があれば，樹冠と幹の区分は樹冠輪郭線で示される。図３のように，樹冠輪郭線があり，幹の先端が枝になっている絵はとてもわかりやすい。しかし，実際には，幹の先端部分が樹冠内部に入って描かれないことが多く，幹と樹冠の境がはっきりしないこともある。樹冠部が明確であれば，その下に描かれた枝は冠下枝と呼ばれるが，樹冠部が確定できなければ冠下枝なのか，樹冠の下部なのかの判断が難しいことも少なくない。

ストラの空間図式にしたがって，木の高さ，樹冠の高さ，樹冠の幅を測ってみる（図４)。木の高さは，地面ラインがある場合は地面ラインから木の上端まで，地面ラインがない場合は木の上端から根の下端までを，用紙を縦

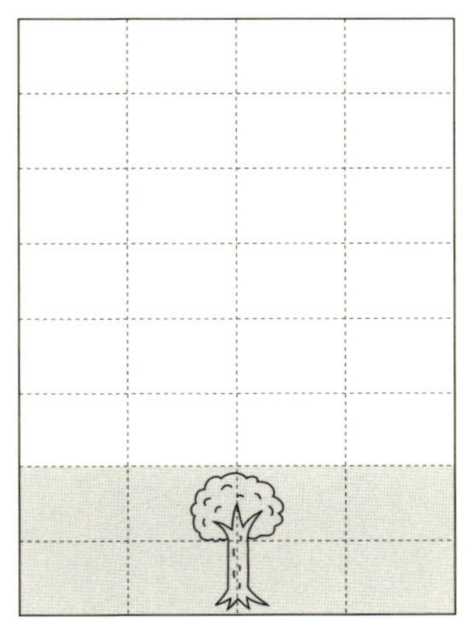

図５　空間配置：木の高さ１
用紙の４分の１以下の高さ（サイン 97）

図６　空間配置：木の高さ２
用紙の４分の２以下の高さ（サイン 98）

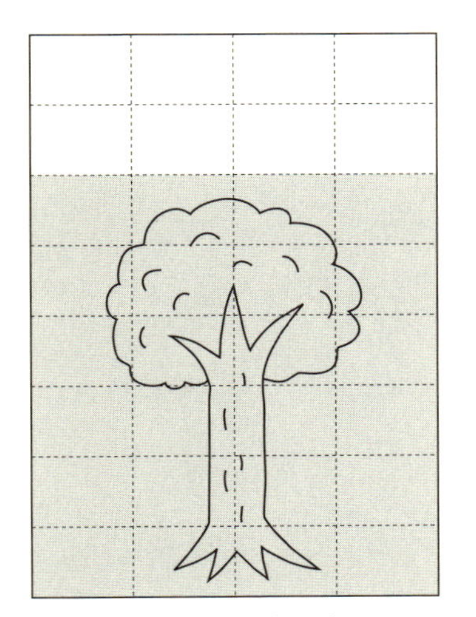

図７　空間配置：木の高さ３
用紙の４分の３以下の高さ（サイン 99）

図８　空間配置：木の高さ４
用紙の４分の３以上の高さ（サイン 100）

に4分割して測定していく（サイン番号97～100）。樹冠の高さは，木の上端から樹冠部下縁までで，用紙を縦に8分割にして測定し，樹冠の幅は用紙を横に4分割して測定する。これらを図示すると以下のようになる（図5～図8）。

図9をご覧いただきたい。この場合は，木の高さは，「98）木の高さ2　用紙の4分の2の高さ」，樹冠の高さは「102）樹冠の高さ2」で用紙の8分の2の高さ，樹冠の幅は，「114）樹冠の幅2」，用紙の4分の1の幅になる。

図9　空間配置の描画例

木の3要素（樹冠，幹，根）が縦方向にまとまらず，左右にバラバラに配置している場合には同一化の問題があるとしている。

「はみ出し」：用紙の上下左右の縁に触れている描画を「はみ出し」のサインとする。ギリギリのところで描線が縁に触れていないものは「はみ出し」とはしない。「はみ出し」がある場合には木の大きさを測定することはできない。

34c）用紙一杯に描かれている（はみ出しはない）：独占欲。他者に対して愛情の問題を引き起こす。時に前精神病状態のこともある。

次に位置について見ていく。左右の位置については，用紙を横に4分割し，幹の両側の輪郭線が用紙のどこに位置しているかを確認していく。幹の両側の輪郭線が同じ区分に位置している場合はわかりやすい。

図10から図13までは，幹の輪郭線がそれぞれの区分におさまっているので，どこに位置しているかがすぐにわかる（図10「26）左に位置する」，

図 10　空間図式：用紙上の位置
左に位置する（サイン 26）

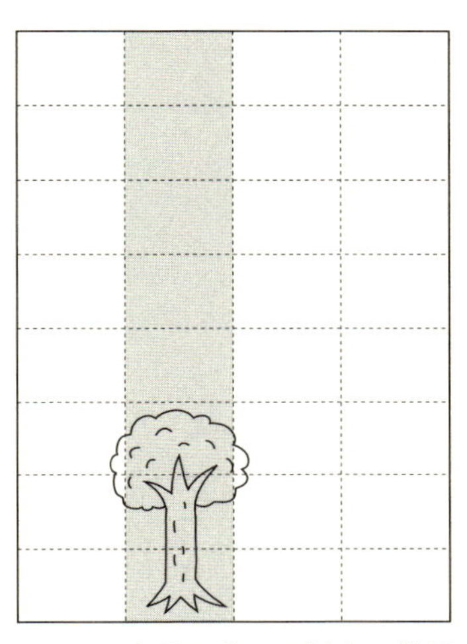

図 11　空間図式：用紙上の位置
やや左に位置する（サイン 27）

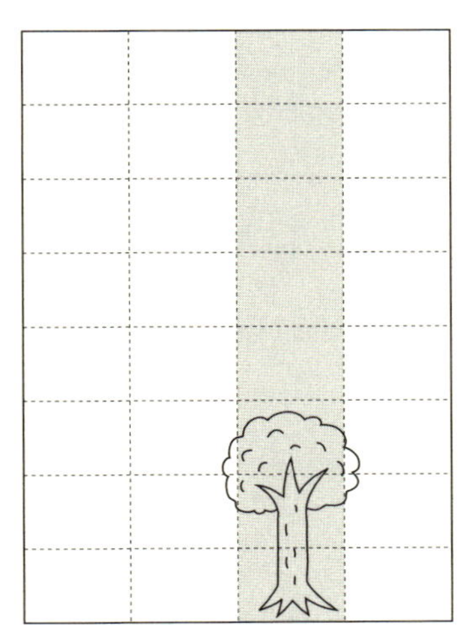

図 12　空間図式：用紙上の位置
やや右に位置する（サイン 30b）

図 13　空間図式：用紙上の位置
右に位置する（サイン 30）

注）木全体の位置でなく，幹の位置がポイントです

図11「27）やや左に位置する」，図12「30b）やや右に位置する」，図13「30）右に位置する」）。

幹の両側の輪郭線が2つの区分にまたがっている場合は，左右の幹輪郭線がどの区分にあるかで位置が確定する。図14であれば，用紙の中央のやや左に位置しているので「28）中央やや左に位置する」となり，図15であれば，用紙の中央やや右に位置しているため，「29）中央やや右に位置する」になる。

用紙のど真ん中に位置している「29b）厳密に中央に位置する」というサインは，用紙の中心線上と木の中心が重なる非常に重要なサインである（図16）。また「34d）中央に位置する」は，用紙の位置にかかわらず，複数の木が配置されていて，その真ん中にある木が他の木と違って目立つ場合のサインである（図17）。

上下の位置については，「31）上方に位置する」，「32）下方に位置する」というサインがある（図18，図19）。ストラは，用紙の上下は用紙の半分以下でなければならないとしたが，その場合に木の高さは必ず用紙の縦の2分の1になってしまうので，われわれは上下の位置を決定する時に厳密に用紙の半分以下にする必要はないと考えている（事例紹介のケース1を参照）。

2）描線

これについても『バウムテストの読み方』でほとんど触れている。以下の3点だけ述べることにする。

描線の交叉について

描線の交叉は葛藤や苦悩を意味する。描線の交叉が描かれている場所（根，幹，茂み），その描かれ方などから他の描画も含めて解釈する必要がある。

23）根に見られる描線の交叉：葛藤の抑制，あるいは抑圧する傾向。

24）幹に見られる描線の交叉：葛藤するものが存在している

25）茂みに見られる描線の交叉：葛藤を強く感じている

描線の交叉が木のどの部分にあるかによって解釈が変わるが，それは木の各部分に関する仮説（木の象徴性）と関係する。木の象徴性とは，古来，洋

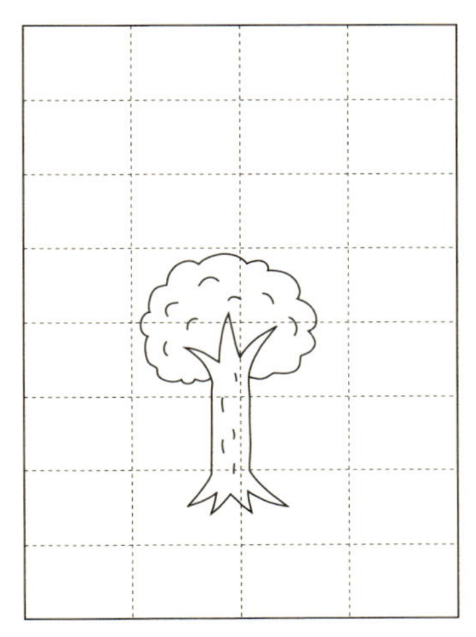

図 14　空間図式：用紙上の位置
中央やや左に位置する（サイン 28）

図 15　空間図式：用紙上の位置
中央やや右に位置する（サイン 29）

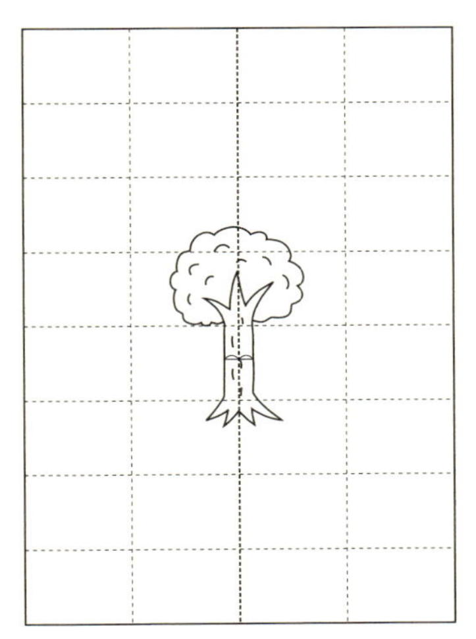

図 16　空間図式：用紙上の位置
厳密に中央に位置する（サイン 29b）

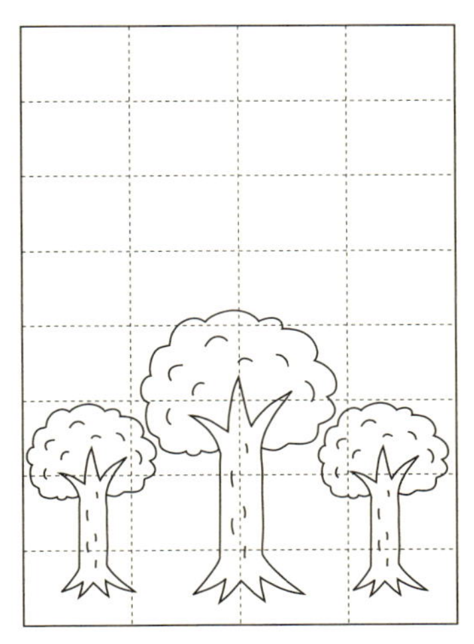

図 17　空間図式：用紙上の位置
中央に位置する（サイン 34d）

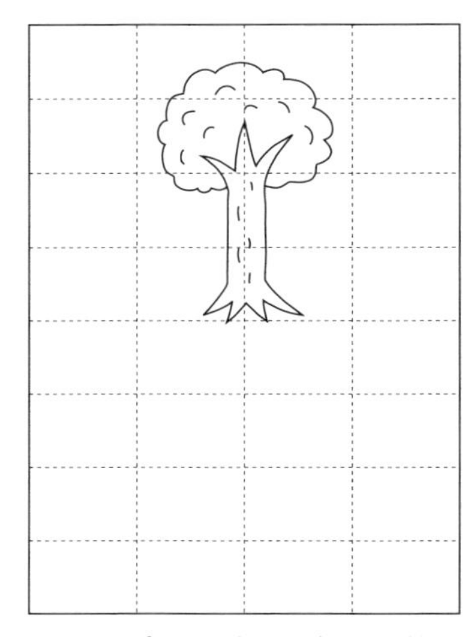

図 18　空間図式：用紙上の位置
上方に位置する（サイン 31）

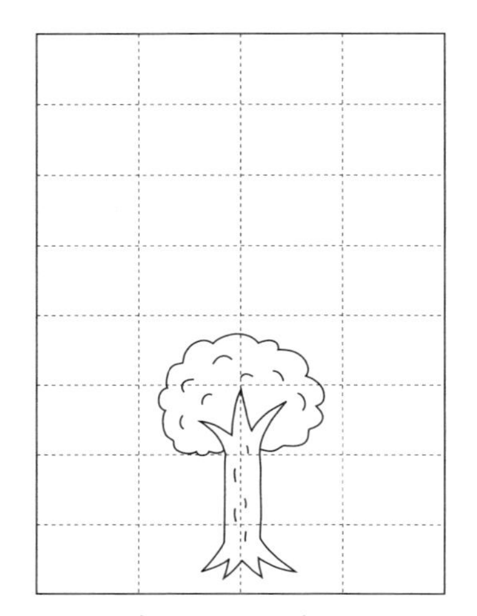

図 19　空間図式：用紙上の位置
下方に位置する（サイン 32）

の東西を問わず，人間が植物のイメージ（植物的用語）で，あるいは植物が人間のイメージ（人間的用語）で語られてきたことに由来する。木の指標に関して，さまざまな研究者が仮説を立ててきたが共通するところが多い。

〈根〉：本能や性的なものに関係する。通常は見えないものなので，表現されていれば「何かを表現している」。だから，葛藤や苦悩を表す描線の交叉が根にあれば，葛藤などの抑圧を示す。

〈幹〉：自我の領域。コッホでは木の中心は幹であり自己概念の基本領域であるので，描線の交叉が幹にあれば，生々しく葛藤を感じていることになる。

〈樹冠〉：生まれつきの素質の展開した部分と考え，樹冠の外側部は環境との接触地帯を表す（対人関係）。人格の自己発達や人格形成のさまざまな段階を示す。ストラでは樹冠内部は内在化されたものや表現されなかったものと結びつく。

描線について

カスティーラの描線分析は木のどの部分に使われているのかに関係なく，描線の種類によって意味を決定している。ストラの描線分析は樹冠，幹，根のどの部分に用いられているかによって意味が異なる。描線の交叉と同じように，「木の象徴性」と描線の種類によって意味が決定される。

陰影

以前は，木の象徴性に含めていたのだが，この分析表を作るに当たって描線の作業仮説に入れている。コッホは陰影を「暗く塗ること」と述べている。しかし，ストラは描線で「塗ること」と言い，74）輪のようにグルグル書きの陰影，75）直線による陰影，76）糸のような描線による陰影，77）斑点状の陰影など描線によって陰影は作られる。

いずれにしても描線は，カスティーラが言うように「無意識的なもの，精神及び身体状態を反映し，書く人にとって操作しにくい部分である」。

3）木の形態・描画の構成

この作業仮説がストラの最も弱い部分である。コッホの「バウムの構築障害」やボーランダーの抽象的あるいは空想的な木についての議論をストラは行っていない。確かに「木に見えない木」では描画サインを作れなかったかも知れない。ここではカスティーラの説明が説得力を持つ。「木とは思えない木」は，被検者が現実から切り離されていることを示唆する。自己と他者との関係，あるいは自己と環境との関係に困難が生じている。現実から切り離された状態である。精神病，薬物依存，知的障害の可能性がある。

教示と異なる描画については，すでに第１章で述べたが風景もこれに含めて良いだろう。

シンメトリー構造と菱形模様は樹冠内部，冠下枝は幹，テタールは幹の先端の部分に見られる。これらの描画サインは，木の構成に大きな影響を及ぼすので「木の象徴性」とは別にしている。

4）木の象徴性

描線が木のどの部分に施されるかによって意味が異なるのは，木の象徴性が深く関わっていることは＜描線＞のところで説明した。木の各部分を決定するのは，地面ラインと樹冠輪郭線である。これは「空間図式」とも関係する。

〈地面と根〉 地面線がなければ根の長さは確定できない。

〈根と幹〉 地面線で根と幹の区別ができる。根と幹の接合部が「根もと」

〈幹と樹冠〉 樹冠輪郭線（あるいは茂み）が幹と樹冠部の境界：輪郭線がある場合には枝が出ているところから上方が樹冠部。輪郭線がなければ冠下枝は存在しない。幹の先端部分が樹冠内部に入っていることが多く，幹の両側の輪郭線があるところまでが幹である。

5）特殊サイン・象徴サイン

擬人型，ウロ，性的表現の3つしか挙げていないが，ハウス・ツリー，金のなる木などを加えてもいいかもしれない。

多くのことは『バウムテストの読み方』を参照して欲しい。この本に書かれてあることは極力省略した。まずは，バウムテスト分析表をつくり，バウムを読解してみよう。

次ページからはストラの描画サインとその意味を挙げておく。右参照図内の番号は，ストラの描画サイン番号である。

2 描画サインとその意味

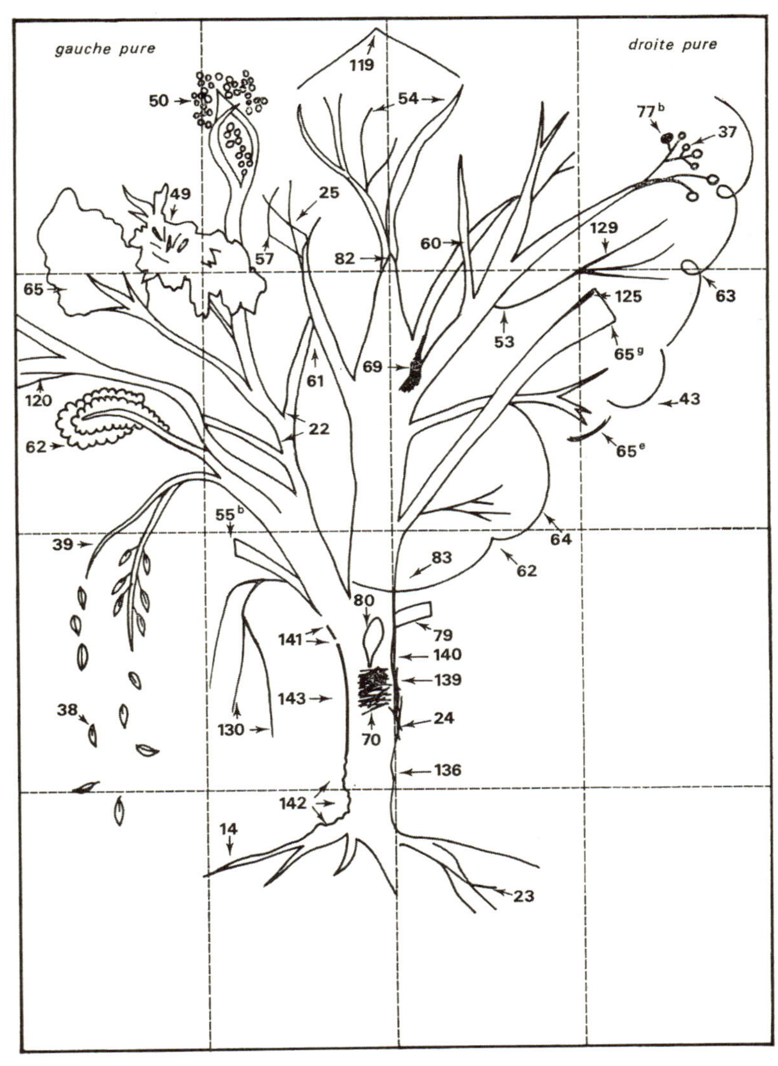

参照図

●教示と異なる描画 注1)

1）複数の木
（一枚の用紙に複数の木，同じ地面ラインの上にない）
子どもっぽい振る舞い。与えられた指示に従わない。ファンタジーや夢の世界に囚われる。

2）2本の木
自己と他者を象徴している可能性がある。解釈にあたって木の位置やサインを検討する必要がある。

3）さまざまな付属物：木の絵に付属物として何かが付け加えられる。
想像力，愛情を求める。内的葛藤。

4）風景：風景が木を囲んでいる。
感情的な性格や態度，感傷癖。支えて欲しいという欲求。

5）用紙を横長方向に使用する：縦方向に差し出された用紙を横長方向で被検者が用いている。
独立独歩の精神，知性や利発さのサイン。現実の状況に対する不適応感（阿部)。

●地面

6）単線の地面ライン
目的に向かって努力する。現実の秩序を受け入れる。

7）でこぼこの地面：地面ラインは引かれていない。被検者に何か意味のあるものが地面に描かれている。自分なりの方法ややり方にこだわる。理想を求める。

7b）連続した地面ライン：地面に何本かの地面ラインが引かれ，それが用紙の両端に触れている。
接触を求めつつ，突然引いてしまう。衝動的。気まぐれ。目標や確信

注1）番号の前に＊があるものは《参照図：69ページ》に図示されているサインである。参照図をコピーしてサインとつき合わせると分かりやすい

が欲しい。

8）右上がりの地面ライン：地面が用紙の右方向に上がっている。
熱情，情熱

9）右下がりの地面ライン
落胆，高揚感の欠如

●根

10）幹に比べて遙かに小さな根
隠されているものを見たい，好奇心

11）幹と同じくらいの長さの根
トラブルを引き起こしかねないほど強い好奇心。

12）幹より遙かに大きな根
強すぎる好奇心，そのために不安になることもあるほどである。

13）単線の根：根が単線で表現されている。
子どもっぽい好奇心，隠されていることを知りたいという欲求がある。

＊14）2本線の根：2本線で根の太さを表現している。第1の木，第2の木のどちらに出現しているか注意。
現実の夢との境界を見きわめたい。現実に対する分別，判断能力がある。何枚か描いてもらうと，同じ被検者でも描画によって根の形が異なることがしばしば見られる。それぞれの描画を十分検討する必要がある。未知の環境であれ，よく知っている環境であれ，そこで懸命に生きていこうとする意欲が存在する。

●シンメトリー構造

15）水平方向の対称（幹を軸として）：枝が幹に対して直角で，幹の同じ高さから左右の枝が出ている。
環境に適応しているように見せようと努力する。内心ではいらいらしながら，表面的には取り繕う。

16）斜め上方向の対称（幹を軸として）：枝が幹に対して鋭角に，しかも幹の同じ高さから左右の枝が出ている。
攻撃性を抑えようとする努力。興奮と強い抑制。

17）交互に水平方向の対称（幹を軸として）：枝が幹から直角に左右交互に出ている。
情緒的な事柄に対して，どのような態度をとるか躊躇している。内的葛藤を引き起こす事柄について両価的態度。

18）交互に斜め上方向の対称（幹を軸として）：17と同じような枝の配置であるが，枝は幹に対して鋭角である。
情緒的な負荷に対して引き起こされやすい焦燥感。精神心理的な問題を抱えている。

19）水平方向の対称（枝を軸として）：

20）斜め上方向の対称（枝を軸として）：

21）交互に水平方向の対称（枝を軸として）：

＊22）交互に斜め上方向の対称（枝を軸として）
15. ～ 18. では，幹に関する解釈である。19. ～ 22. についても同様の解釈が成り立つが，茂み（枝を軸として）については，幹の場合と異なり，事柄が内在化され，感じられ，想像されるものであって，現実に経験されたものではない点に留意すること。

●描線の交叉

＊23）根に見られる描線の交叉：抑圧された葛藤，あるいは葛藤を抑圧する傾向。

＊24）幹に見られる描線の交叉：現実に経験された葛藤。

＊25）茂みに見られる描線の交叉：内在化され，想像された葛藤。
描線の交叉は葛藤や苦悩を意味する。描線の交叉が描かれている場所（根，幹，茂み），その描かれ方などから他の描画も含めて解釈する必要がある。

●用紙上の位置

用紙を縦横方向にそれぞれ4分割する。

26）左に位置する：木全体が，左の区域（左4分の1）におさまっている。過去，母親，母親のイメージを表現するものに対して両価的な感情を抱いている。

27）やや左に位置する：
保護的な環境の中にあって，保護されたいという気持ちと自立したいという気持ちの両方を持っている。依存と支配欲の共存。

28）中央やや左に位置する：

29）中央やや右に位置する：
中央に位置するとは，自己と他者との間で調和と安定を求める強い気持ちを意味している。解釈に際して，左右どちらかの方向に動いている点については，空間象徴の解釈を援用する。左から右への動きでは，外的世界や未来に向けられている。

29b）厳密に中央に位置する：
厳密に検討して，中央に位置している場合には，日常的な感覚を越えるような厳密さと息苦しさを覚えるような頑なさで，杓子定規に見ようとする欲求を持っていると思われる。極度の不安状態（阿部）。

30）右に位置する：右4分の1に位置する。
権威にすがろうとする，あるいはしばしば不安定にさせる母親にすがろうとする。

30b）やや右に位置する：
30. の意味に加えて，さらに環境に対して適応しようとする努力が見られることもある。

31）上方に位置する：木全体が用紙の上方4分の1の区域にある。
はしゃいだりして抑うつ気分を解消しようとする。不安定さと自己コントロールの探求。野心，自分の価値を相手に認めさせようとする欲望。抑うつと興奮が交互に見られる。

32）下方に位置する：木全体が用紙の半分以下の区域に位置している。
抑うつ気分と自罰的感情を伴った見捨てられ感情。不満を感じている。

33）2本の木が左右に位置する：

34）2本の木がやや左と右に位置している：
二つのサインとも空間象徴理論から解釈される。
おそらく実行すべきことがなかなかできない躊躇，あるいは豊かな想像力。いずれにしても描線や形態から判断する必要がある。

34d）中央に位置する：複数の木が配置され，真ん中にある木が他の木と違って目立つ。
安定を自分なりの方法で求めようとする。

●樹冠の形

35）樹冠部の長さは幹の3分の1以下で，樹冠の形はマルの付いたブーケ型：
しなやかな感受性，感情的な性格や態度，感傷癖。

36）マルのないブーケ型の茂み：
傷つき感，挫折感

*37）マルが描かれている茂み：マルは，（一般的に果実，実のこと）
口唇期的。安心感や満足感を求める。

*38）茂みのマルが落下している：
見放され，裏切られたように感じる。

*39）下降する茂み：
失望，努力することを放棄する。

40）上方に向かう茂み：枝が用紙の上方を向いている。
熱情，情熱。認められたいと願う。

41）四方八方に向かう茂み：
さまざまな接触を試み安心感を得ようとする。落ち着かず動き回る。

42）開かれた茂み：樹冠輪郭線で縁取られていない。
その場の雰囲気に敏感で，耐えることが苦手である。

42b）糸状の開いた茂み：縺れた糸のような描線。

困難に直面したとき逃げようとする抜け目なさ。

＊43）短い曲線で描かれた開いた茂み：

影響を受けやすい，他人に愛想がよい。

43b）用紙の輪郭に沿った樹冠輪郭線：

生活環境の規範に堅苦しさを感じているが，適応している。

44）樹冠輪郭線がところどころで切れている：

ギブアンドテイクの考え方。できるだけ客観的であろうとする。両価的に受け止める。

45）樹冠は閉じていて，内部がびっしり描かれている：茂みがグルグル書きで描かれている。

幼稚なやり方で所有し続けようとする。自己防衛。

46）樹冠は閉じていて，内部に何も描かれていない：空っぽの円。

あからさまに表現されない攻撃性。

47）樹冠部全体から離れてしまったような樹冠内部のディテール。針金で縛ったりあるいは切り離された小さなマル。針金状に挿入された枝：どう見ても余り重要でない，あるいは自分だけの問題を押し通そうとする子どもっぽい判断。感情的な判断。

48）樹冠内部が単調なディテールで描かれている：細部で繰り返しが多い。

多少，強迫的な繰り返しの傾向。

＊49）樹冠内部がさまざまなディテールで描かれている：

知識が豊富。判断力がある。記憶力。

49b）幹の内部が細かに描かれている：

日々の出来事を事細かに覚えている。

＊50）樹冠の内部が分割されて系列的に描かれている：

多かれ少なかれシステマティックに統制されたものに惹かれる。

51）テタール型の樹冠：幹のてっぺんが丸い突起物のように描かれ，そこから枝が四方八方に伸びている。

子どもっぽく保護を求める。

52）変形したテタール型の樹冠：サイン51ほどには求め方が強くない。（大雑把な丸みが見られるがこれはサインではない）
支えて欲しいという欲求。

52b）子どもっぽいテタール型の樹冠：幹の先端に円とその周囲に放射状に線が施されている。
７歳までの子どもでは一般的。それ以上の年齢では知的な遅れを意味する。

＊53）単線の枝：
不快な現実から逃げる。あるいはそうした現実を美化したり，違うものと思い込む。

＊54）単線と２本線の枝が混じっている
きちんと見ようとする。含みを持たせた判断。

55）２本線の枝：
現実に対する普通の判断。

＊55b）先端が切られた枝：
情緒的な外傷体験。

55c）菱形模様と未完成の菱形模様：一般的には「自立の問題」の意味。無理をしようとしている。

56）菱形模様と未完成の菱形模様が単線で描かれ，マルのある樹冠部：
決して満足することのない欲望を抱くが，そのことに気づいていない。

*57）菱形模様と未完成の菱形模様が単線で描かれ，マルの少ない樹冠部：
サイン56ほどには子どもっぽくない，自分の不満足感に意識的である。

58）枝が単線あるいは２本線の菱形模様で構成され，マルのある樹冠部：
夢と現実を隔てているものについて意識しているが，優しくそれを埋めてくれるものを求める。

59）枝が単線あるいは２本線の菱形模様で構成され，マルのない樹冠部：
もっと大人になりたい。そうすれば，困難に耐えることが出来ると思う。

59b）葉のない木：自己の能力に対する疑念。劣等感情。

60）菱形模様と未完成の菱形模様が2本線の枝で描かれ，マルのある樹冠部：
相反する欲望がせめぎ合うのを意識していて，そのため不安定になっていて，慰めてくれるような情緒的代償を求めている。自立と依存の間で揺れ動く。

*61）菱形模様が2本線の枝で構成されマルが少ない樹冠部：
サイン60よりも選択の優柔不断さを隠すことができる，自信があるように見せようとする。

*62）花を網状に編んだような波形の樹冠輪郭線：
防衛的で，慇懃無礼。真っ正面からぶつからないようにする。

*63）ループ状の樹冠輪郭線：
相手を打ち負かすためには何でも使おうとする。子どもじみた振る舞い。

64）樹冠内部や輪郭線が短い曲線で描かれ，樹冠輪郭は切れていない：
用心深く慎重な人。ガードがしっかりしている。

*65）糸状の描線で描かれた閉じた樹冠輪郭線：
不愉快にさせるものを避けようとする。柔軟な対応。

65b）同心円状に広がる樹冠：
できるだけ改善できるものは改善し進歩しようとする。ナルシスティック。

65c）激しく揺れているように見える樹冠：輪郭のある小さな樹冠で木全体に繰り返し描かれている。
不安を引き起こす強迫的思考。

65d）刺繍のような形の樹冠内部：
女性的態度，親切，肉感的。

*65e）樹冠輪郭にさらに輪郭線が書き加えられた樹冠：
ありがちな批判をかわすために自分の誤りを隠したり，なかったかのように振る舞いたい。不安の抑圧。

65f）木の内部にも木以外の場所にも花が見られる：

苦しみ，感傷，緊張。

＊65g）先に行くほど太くなり先端が閉じている枝：
多少予想された突然の怒り。

65h）椰子の木：
環境の変化や気分転換を求めている。逃避。しばしば性的な囚われ。

65i）枝垂れ柳：
大胆さの欠如，原因のあるなしにかかわらない失望。悲しみ。

66）右に広がる樹冠部：
しっかりした支えが欲しい，積極的な対人接触を求める。

67）左に広がる樹冠部：
過去や子ども時代の経験への回帰。事なかれ主義。

68）はっきりとした方向性のない樹冠：
なかなか決断できない。

●陰影

＊69）樹冠，幹，地面，根の部分に繰り返し執拗に塗られた陰影：陰影が施された部分との関連させて解釈される。
不安のために緊張している。

＊70）繰り返し，筆圧強く乱雑に，重ねて，塗られた陰影：
69 よりも意味が強められ，怒りを伴うこともある。

71）執拗に繰り返し塗られた幹の陰影。縁取るように描かれることもある：
不安をかき立てる両親との間に見られる深刻な問題。不安ははっきりと表現される場合もあれば表面化しないこともある。積年の恨み，見捨てられ不安。父親に関する問題（アルコール）。

72）均等に塗られた陰影：
感受性豊か。何らかの欠如を補うために夢や想像の中に生きる。恨みの感情，抑うつ的。

73）黒と白の対比（縦方向あるいは横方向での）：
かなり融通の利かない態度。攻撃に対しては反撃し，同時に原理原則に基づいて自制しようとする。

74）輪のようにグルグル書きの陰影：
子どもっぽい依存，諦め。

75）直線による陰影：
これからのことについて知りたいと思う。計画を立てることを好む。

76）糸のような描線による陰影：縺れた糸のように見える。
不安が強いために自分自身が攻撃性と怒りを抱いているのではないかという恐怖感。そうした場合に怒りが爆発するかもしれない。

77）斑点状の陰影：
繰り返し夢みることで紛らわそうとするが，悲しみは消えない。

*77b）黒マル：
情緒的欲求が満たされていない。満たされないことに対する問題（食行動の問題）。母に対する両価的な愛着。

●幹

78）左の冠下枝：
母親に似ていたい，あるいは母親のように振る舞いたいと思う。母親に攻撃的でもある。

*79）右の冠下枝：
父親に似ていたい。父親と同じくらい強いと思いたい。性的なことへの関心と男性性に対する不安。

*80）幹のウロ：
ダメージの残る失敗だと感じる。自己愛的な傷つき。

81）1本線で樹冠から分断されている幹：
束縛されるような躾だったと感じ，それを拒否するかあるいは受け入れる。

*82）逆V字型の幹の先端：
自分の力を証明したいという思いから反発する。自分の能力が明らかになることへの抵抗。

82b）潰れたドーム型の幹の先端：

外的な束縛を強く感じている。束縛から逃れようとするが失敗する。

＊83）凹型の曲線で幹を分断している樹冠：

受動的，苦しみ，受容。防衛的態度。

＊84）単線の幹：

現実をあるがままに見ることを拒否している，そのこと自体は意識している。しばしば精神障害者や知的障害者に見られる。認知症患者に多い（阿部）。

85）2本線の幹と単線の枝：

現実を見ることはできるが，自分の欲望に合致しない場合には認めない。夢や遊びで現実逃避を図る。

86）樹冠と繋がっている幹：

知能に問題なく発達も普通。

87）樹冠部に入り込んでいる幹：

手に入れたものを手放したくない，しかし性的な対象については不安を抱く。

88）地面から離れている幹：

周囲との接触不良。情動的カオス。発病初期の統合失調症に見られる（阿部）。

88b）幹から離れている樹冠部：

日常生活や知的生活がうまくいっていない。性的問題をかかえている。

89）1本線で地面ラインから切り離されている幹：

孤立感，不幸だと感じている。衝動性。

90）左に傾く幹：

攻撃されるのを恐れて閉じこもる。

91）右に傾く幹：

支えを求める。

92）さまざまな方向に傾く幹：

緊張し躊躇する。自分に反対する相手に突然行動を起こすかもしれない。身体的なダメージ。

93）幹の輪郭線が下端で左が長い：
野心旺盛。

94）幹の輪郭線が下端で右が長い：
失望，悲しみ。

95）幹の下部が広がっている：
自分の環境に確固とした立場を求める。

96）幹の下部が細くなっている：
望むような支えが得られず，環境に対して不安感を抱く。

96b）幹の下端が四角形になっている（ハンダ付け型）：
孤立感。不安にさせる社会を前にして，個性を発揮しなければと思う。

●木の高さ（60ページ～62ページ参照）

用紙を縦方向に4等分する。

97）木の高さ1（用紙の高さの4分の1以下の高さ）：
依存，未熟さ，自信がないにもかかわらず弱さを代償する強さを夢見ることがある。

98）木の高さ2（用紙の高さの4分の2以下の高さ）：
依存心と1ほどではないが内気。

99）木の高さ3（用紙の高さの4分の3の高さ）：
環境に対する適応がよい。

100）木の高さ4（用紙の高さの4分の4の高さ）：
目立ちたがり屋，他者配慮，承認欲求。

100b）高さのコントラスト（描画ごとで木の高さが極端に異なる）特に第1の木と第2の木を比較する：
自我感情について両価的。自分の感情に気づくこともあれば，気がつかないこともある。

●樹冠の高さ（60 ページ参照）

用紙を縦方向に８等分する。樹冠の長さが１から７へと長くなる。

101）樹冠の高さ１（樹冠の高さが用紙全体の８分の 1）：
内省やコントロールに欠ける。４歳までならよく見られるので特に問題ない。

102）樹冠の高さ２（樹冠の高さが用紙全体の８分の 2）：
経験したことに対して内省できるかもしれない。行動に移る前に思慮できる。

103）樹冠の高さ３（樹冠の高さが用紙全体の８分の 3）：
情動のコントロールができ，内省できる。

104）樹冠の高さ４（樹冠の高さが用紙全体の８分の 4）：
内在化，憧れ，代償的な夢。

105）樹冠の高さ５（樹冠の高さが用紙全体の８分の 5）：
知的な判断や生活能力。４の意味がさらに強まる。

106）樹冠の高さ６（樹冠の高さが用紙全体の８分の 6）：

107）樹冠の高さ７（樹冠の高さが用紙全体の８分の 7）：
樹冠の高さは知的な発達や知的興味と直接関係する。樹冠部が用紙全体に描かれている場合には，夢の中に逃避していると考えられる。その場合には幹との関係や描画の特徴を十分観察する必要がある。

108）樹冠部よりも大きな幹：
刹那的な生き方。即物的なものに興味を示す。多動的傾向と焦燥感。

109）樹冠部よりも極端に大きな幹，2，３倍の大きさ：
周囲に対してかなり依存的，不安を伴った攻撃性を周囲に向ける。興奮しやすく衝動性が見られ，なかなかコントロールできない。

110）樹冠部と同じ高さの幹：
何とかバランスをとろうとする。周囲の期待に応えようとする。

111）幹よりも大きな樹冠部：
自己のコントロールや自立むけてじっくり考えることが出来る。

112）幹よりも極端に大きな樹冠部：
知的に優秀。芸術的なものへの関心。しばしば認められるのだが，他のサインとの兼ね合いから，夢や想像の世界に没入し，そのため妄想に至ることもある。

●樹冠の幅（60ページ参照）

用紙を横方向に4等分して樹冠の幅を測る。

113）樹冠の幅1（用紙の4分の1の幅）：
自分の能力に対する疑い。緊張したりイライラしながら防衛的な態度を取る。

114）樹冠の幅2（用紙の4分の2の幅）：
自分の価値をそれほど認めていない。自分の能力に対して疑いを持っている。

115）樹冠の幅3（用紙の4分の3の幅）：
能力的に優れているが，それを表現するのがやや困難である。接触にジレンマがある。

116）樹冠の幅4（用紙の4分の4の幅）：
話し好きで周囲の注意を惹き，自分の存在を周囲にアピールする。

117）第1の木の樹冠幅は広く，第2の樹冠幅は狭い：
選ぶことが出来ない。自分の気持ちを打ち明けることをしないのに，他者に依存しようとする。精神的ジレンマ。苛立ち。逃避傾向。

118）第1の木の樹冠幅は狭く，第2の樹冠幅は広い：
固執傾向，反抗的態度。力づくの態度で自分の弱さを見せないこともある。しかしそこには緊張や萎縮が見られる。

＊119）樹冠が尖って幅が狭く，先端が逆V字形：
危機から身を守ろうとする。それが本当の危機であれ想像上のこともあるかもしれないが，自分に向けられたものと感じる。

●用紙からのはみ出し

34c）用紙一杯に描かれている（はみ出しはない）：独占欲。他者に対して愛情の問題を引き起こす。時に前精神状態のこともある。

＊120）用紙の左側にはみ出している樹冠：
さまざまな理由により満足させてくれなかった母親に対する愛着と攻撃性，きわめて両価的。
※上方へ大きくはみ出した幹：感情の激しい波。精神的不安定。

121）用紙の右側にはみ出している樹冠：
他者をコントロールしたい欲求。他者との接触におけるジレンマ。防衛的と攻撃的。対人接触の困難さ。

122）上方へのはみ出し：
万能感で劣等感情を補償しようとする。

123）用紙の下縁からはみ出した幹：
見捨てられ感。安全感や安心感や周囲に守られていたいという欲求。やさしさの欲求。

124）小さな木で，用紙の上部へのわずかなはみ出し：
押しつぶされてしまう感情とそれを補償されたい欲求が同時に存在する。

●描線（木の各部位とどのような描線がほどこされているかによって意味が決まる）

＊125）樹冠が棒状の描線[注2)]で描かれている：
攻撃的発散であり，その表現は荒々しい言葉によることもあれば，行動による場合もある。攻撃性の発露がどのようなものであるかを評価するには，他のサインが参考になる。

126）幹や地面が棒状の描線で描かれている：
描線の方向や形と，それが幹や地面の象徴性から解釈される。しかし，常に体験されたあるいは秘められた攻撃性が問題となる。

注2）棒状の描線（特に線を引き終わる時に筆圧が強くなる）

127）樹冠が矢のような鋭い描線[注3]で描かれている：

描線の方向によって対象は異なるが，その対象に向けられた非難や攻撃，罪責感もあり得る。（この描線が下方へ向かうなら：自己に向けられた攻撃性，自罰的。罪責感。葛藤。嫌悪。悔恨，嫉妬。憤怒，積年の恨み。）

128）幹や地面が矢のような鋭い描線で描かれている：

日々の生活における欺瞞と非難。自己や他者への非難。

＊129）右側や上部に向かう矢のような鋭い描線：

129b）左側へ向かう矢のような鋭い描線の樹冠：

＊130）下方へ向かう矢のような鋭い描線の樹冠：

鋭さはいずれにしても，攻撃性，それもあからさまであったりかくされていたりする攻撃性と判断されるのが一般的である。茂みの中に見られれば，日々の生活に関連した攻撃性を示す。

131）幹が筆圧は強くない太めの描線[注4]で描かれている：

周囲の環境から影響を受けやすく，それに抗えない。

132）幹は筆圧が強くない太めの描線，樹冠は明瞭な描線[注5]で描かれている：

個人的な関心事や欲望に振り回され，日々の行動が犠牲になりやすい。

133）幹が筆圧の弱い描線[注6]で描かれている：

自分を肯定したり，自由に振る舞うことが怖くて出来ない。

134）樹冠が筆圧の弱い描線で描かれている：

鋭い感受性。影響を受けやすい。

135）幹が明瞭な直線で描かれている：

決断，活動性，効率的な思考。

＊136）幹が曲線で運筆が速く描かれている：

注3）矢のような鋭い描線（描画の方向が明確。運筆早く，筆圧は強くない）

注4）筆圧は強くない太めの描線（やわらかい鉛筆（2B～4B）で運筆はゆっくりとしたやや幅広い描線）

注5）樹冠の明瞭な描線（幹の描線と樹冠の描線がはっきりと異なる）

注6）筆圧の弱い描線：鉛筆で描くと「筆圧の弱い描線」とは，線がうすく判読しにくいイメージだが，原文の léger は「弱い」よりも「軽い」といったニュアンス。インクで書く場合は，筆圧軽く運筆は滑らかなのだろう。

器用さ，抜け目のなさ。不安になるものからさっさと離れる。

137）幹が遅い曲線で描かれている：

活動が不安のために鈍る，障害が多く乗り越えられないと感じている。

138）バーミセリ（細いパスタ）のような描線：

予想外の方法で攻撃したり驚かせ，隠そうとする傾向。隠された怒り。

＊139）幹の輪郭線が稚拙に修正されている：

罰せられたいという思いから，失敗を明らかにする。様々な面で両価的（例としては，目立つことと隠すこと，好んで困難を引き受けることとその背後に欲望や恐怖を感じてしまう，承認欲求と反対にそれを避けること）自己卑下。

139b）樹冠や根が稚拙に修正されている：

139と同じような意味。表現されたり隠されたりしているものを吟味するために樹冠や根の意味を考慮して意味を考える。

＊140）幹の輪郭線がきちんと修正されている：

現実の美化，完全を求める，非難されることを隠そうとする。時に緩慢さ。

＊141）幹の輪郭線が切れ切れに描かれている：

現実の外傷的状況に起因する恐れ。自殺。恐怖や悩みを隠そうとして無気力な態度を取る。

＊142）幹の輪郭線が多種類の描線で描かれている：

内的葛藤に起因するさまざまな行動。（不適応感。内的不確実感。受動攻撃性障害。）

＊143）幹の輪郭線が筆圧の強い描線で描かれている：

自立した行動。

144）アーケード型の樹冠：

秘密主義，不信感。

145）幹の輪郭線が鮮明な直線で描かれている：

決断，行動力。

146）幹や樹冠の内部に図形の模様が見られる：

思考や活動性を統合（合理化）しようとする傾向。思考なのか活動性なのかは図形模様が木のどの部分に使われているかによる。

●追加項目

147）地面に映る木の影：
何らかの傾向を排除する。それがどのような内容であるかを検討するために，描線の構造や方向に注意しなければならない。

148）枝がない：
接触困難，拒否的あるいは防衛的態度

149）幹の根もとが円形に囲まれている。
保護されていると感じ，狭い環境の中で，自分の安全を見つけようとしている。

3　ケースを読んでみよう（事例研究）

3枚法を用いた読み方を提示する。臨床場面でどのように用いられているかを示しながら，バウムテストの読解方法を解説する。

手順としては，まず3枚の描画を並べてみる。3枚を比較して5つの作業仮説に基づき，それぞれの木の共通点や相違点を見ていく。次に以下のように読み取ったサイン番号や特徴を「バウム分析表」に記入していく。また，描画サインは見つからないが，気になる描写があれば，そのことも表の中に書いていく。次に描画サインの意味を『バウムテストの読み方』，『バウムテスト』ストラ監修，『バウムテスト研究』さらに，本書の「1　木を知ろう」などを参照して，意味を確認していく。この作業を通して，被検者の性格が徐々に明らかになる。特に重要な仮説は「空間図式」である。これを詳細に読み取るだけでも被検者の性格について多くのことが指摘できるように思う。「バウムテスト分析表」はバウムテスト5つの作業仮説から構成されているので，その手順に従っておこなうと良い。

3つのケースを呈示し，簡単な成育歴，現病歴，症状や問題行動などを示し，3枚法のバウムテストの描画，サイン読み取りの実際例，そして面接や描画から得られた所見を述べる。

ケース１　爪かみに悩む20歳女性

女子，20歳。大学２年生

1. 初診時の訴え

小学校低学年から続いている「爪かみ」が治らない。一日に２～３回，爪を噛んでいると初診時に語るが，爪かみの回数や時間帯を記録してもらうと，2，３日に１，２回程度であることが分かった。これまでに病気で入院することはなく，身体面では健康。普通のお嬢さんといった印象なので，どのようにアプローチすれば良いかが問題であった。家族歴では両親とも公務員。３人同胞の第一子。すぐ下に大学１年生の弟，中学３年生の妹がいる。

2. バウムテスト

実施場所：病院内検査室，検査者と向き合って実施。右利き第１の木（42秒）　木の絵と言われて，少し考えながら作業を始める。

第２の木（21 秒）

夢の木は何も言わず，すぐに描き始める。夢の木（1分9秒）

	検討項目	第１の木 （　分 42 秒）	第２の木 （　分 21 秒）	夢の木 （1 分 9 秒）	備考
空間図式	用紙上の位置（26 ～ 34d） 木の高さ（97 ～ 100）・樹冠の高さ（101 ～ 107） 樹冠の幅（113 ～ 116,119）・樹冠部と幹の比（108 ～ 112） 用紙からのはみだし（120 ～ 124） 変化（100b,117,118）・上下左右の傾斜と方向性（p.184）	28 31 やや上方に位置， 98，99 110 103,115	28 31 やや上方に位置， 98，99 110 103,115	28 31 やや上方に位置， 98，99 110 103,115	3 枚とも同じ 位置・大きさ
描線	描線の交叉（23 ～ 25） 描線（125 ～ 143,145） 陰影（69 ～ 77b）	25 131 136	25	25	曲線が多い 描線の濃淡 筆圧変化なし
描画の構成 木の形態	木に見えるか（現実的な木・抽象的な木） 教示と異なる描画（1 ～ 5） シンメトリー構造（15 ～ 22b）・菱形模様（55c ～ 61） 幾何学模様（146）・枝がない（148） 冠下枝（78,79）・テタール型（51 ～ 52b）・風景（4）	3 枚ともひしゃげた樹冠 平坦化した樹冠 （コッホ 61） 83	平坦化した樹冠 （コッホ 61） 83 単線の右冠下枝 53，79	平坦化した樹冠 （コッホ 61） 83	
木の象徴性	地面（6 ～ 9b,147,149） 根（10 ～ 14） 樹冠（35 ～ 50,62 ～ 65i,144,146）・枝（53 ～ 55b,65g,148） 幹（81 ～ 89,95 ～ 96b,146） 葉（59b）・花（65f）・実（マル 37,38）	87,95, 144 樹冠内部が果実 37	87,95, 144 樹冠内部が空白 46	87,95, 144	3 枚それぞれの樹冠内部が変化している
特殊サイン 象徴サイン	擬人型（冠下枝，顔，歩き出しそう） ウロ（80） 性的表現（p.91 ～ p.96） 金のなる木，クリスマスツリー，象の形をした木	八重歯 口の中に手を入れている印象	ウロ 10 歳頃 八重歯．口の中に手を入れている印象	「金のなる木」（シロール）	
備考欄 3 枚の変化	第 1，第 2 の木のコントラスト（100b,117,118） パターン分類（AAA/AAB/ABA/ABB/ABC） 二本線の根の出現は何枚目か				パターン分類 AAA

〈**空間図式**〉

第１の木，第２の木，夢の木は同じ描画サインで構成されている。つまり３枚ともほぼ同じ位置に同じ大きさで描かれている。

28）中央やや左に位置する：自己と他者との間で調和と安定を求める強い気持ちを意味している。解釈に際して，左右どちらかの方向に動いている点については，空間象徴の解釈を援用する。左から右への動きでは，外的世界や未来に向けられている。

31）上方に位置する：はしゃいだりして抑うつ気分を解消しようとする。不安定性と自己コントロールの探求。野心，自分の価値を相手に認めさせようとする欲望。

注）「1　木を知ろう」で述べたとおり，用紙の上下と木の位置：ストラは「31）上方に位置する木」「32）下方に位置する木」について，用紙の上下半分は以下でなければばならないとしている。臨床的には，このケースは「31）上方に位置する」を採用して良いと思われる。「はしゃぐ，若干の気分の高揚」と解される。

98）木の高さ２（用紙の高さの４分の２以下の高さ）：依存と内気が見られる。

99）木の高さ３（用紙の高さの４分の３以下の高さ）：適度の目立ちたがり屋。木の高さは98と99の中間。ちょっと内気な面がある。

103）樹冠の高さ３：情動のコントロールができ，内省できる。

115）樹冠の幅３：接触にジレンマがある。

110）樹冠部と同じ高さの幹：何とかバランスをとろうとする。周囲の期待に応えようとする。

〈**描線**〉

３枚とも曲線が多い。木の各部分で濃淡，筆圧の変化は見られない。

25）茂みに見られる描線の交叉：描線の交叉は葛藤や苦悩を意味する。描線の交叉が描かれている場所（根，幹，茂み），その描かれ方などから他の描画も含めて解釈する必要がある。
想像された葛藤や苦悩。

131）幹が筆圧は強くない太めの濃い描線で描かれている：周囲の環境から影響を受けやすく，それに抗えない。

136）幹が曲線で運筆が速く描かれている：不安になるものからさっさと

離れる。

〈木の形態・構成〉

３枚ともひしゃげた樹冠：コッホの指標61。平坦化した樹冠，平板化した樹冠（コッホ第３版 p.232）劣等感，圧力を感じている。83）凹型の曲線で幹を分断している樹冠：受動的。

第２の木は単線の右冠下枝。53）単線の枝：不快な現実から逃げる。あるいはそうした現実を美化し，違うものと思い込む。79）右の冠下枝：父親に似ていたい。父親と同じくらい強いと思いたい。

夢の木では，148）枝がない：対人接触の問題。

〈木の象徴性〉

87）樹冠部に入り込んでいる幹：手入れたものを手放したくない，しかし性的な対象については不安を抱く。

95）幹の下部が広がっている：自分の環境に確固とした立場を求める。

144）アーケード型の樹冠：秘密主義，不信感。

樹冠内部は，**第１の木**は果実：37）丸が描かれている茂み：口唇期的。安心感や満足感を求める。口唇期的欲求，甘えん坊。**第２の木**は空白：46）樹冠は閉じていて，内部に何も描かれていない：あからさまに表現されない攻撃性。**夢の木**は金のなる木：付和雷同，自分で決断できない。

〈特殊サイン・象徴サイン〉

第２の木：ウロ（幹輪郭線両側が切断されている。10歳頃）

「爪かみ」のため，絶えず口もとや八重歯を意識している。第1，第2の木と八重歯のない夢の木を比較してみる。
決断できない自分が見えてくる。

〈3枚の変化〉

第1パターン：AAA　防衛強い。描画時間が短い場合が多い。

Summary

〈空間図式〉には被検者の性格や対人関係における基本的パターンが表現されている場合が多い。被検者は**第１の木**，**第２の木**，**夢の木**は同じ描画サインで構成されている。つまり**３枚**ともほぼ同じ位置に同じ大きさで描かれている。自己と他者との間で調和と安定を求める気持ちが強く，内気な面もあるが時にはしゃいだりするものの，情動のコントロールはできている。しかし，対人関係では接触のジレンマも見られる。

〈描線〉には気分や情緒（不安，葛藤など）のありかたが反映される。**３枚**とも曲線が多く，木の各部分で濃淡，筆圧の変化は見られない。周囲の環境から影響を受けやすく，それに抗えない（131），不安なものからさっさと離れる（136）という態度で自己防衛を図る。葛藤を表す茂みに見られる描線の交叉（25）から現実的な葛藤ではなく，想像されたものであろう。

この被検者の場合，〈木の形態・構成〉では周囲や家庭環境などからの影響が示唆される。周囲から圧力を感じ（コッホ61），受動的である。また不快な現実を避けようとして，それをなかったことにしようとする（53）。

〈木の象徴性〉

木の大きさや位置が**3枚**ともほぼ同じであるにもかかわらず，樹冠内部の描かれ方が3枚とも異なっているところが興味深い。**第1の木**では甘えん坊（37），**第2の木**ではあからさまにされない攻撃性（46），**夢の木**では決断できない自己を表現（金のなる木）。

アーケード型の樹冠（144）は不信感を意味するサインである。これは人間不信と言うよりも過去に傷ついた経験がありもう傷つきたくないという思い。周囲から支えて欲しいという気持ちが強い（95）。

〈特殊サイン・象徴的表現〉

第2の木：ウロ（幹輪郭線両側が切断されている。10歳頃）。さらに右冠下枝（79）から父親との問題があるかもしれない。

「防衛が強く心の内は見せない。でも優柔不断で決断できない甘えん坊。私を守ってというサインが多いね」と被検者に伝えると，「凄い，怖い。あたってる」という返事が返ってきた。10歳のエピソードをまだ尋ねていない。ほぼ同じ形態の木を連続して**3枚**描いているが樹冠内部がそれぞれに異なり，被検者の性格が詳細に映し出されているようである。

爪かみの記録をとってみると，「自分が思っているほど回数は多くない」「爪かみは無意識でやっている」と語る。自分で決断できないフラストレーションと不安感が爪かみに表現されている。バウムテストの所見を使いながら，心理療法をおこなったケースである。単線の右冠下枝が示す父親との葛藤を取り扱うか悩ましい。

後日，症例として発表許可を求めた際に，「研究会に出したとき，幹と樹冠のところが八重歯に見えると言われたけれど」と話すと，八重歯を見せてくれて写真掲載に同意してくれた。「八重歯」は**夢の木**には出てきていない。**第1，第2の木**と比較して，**夢の木**に現実の問題が表現されているとするならば，爪かみや八重歯よりも対人関係での優柔不断さや守って欲しいという思いが彼女の関心事と考えられる。

ケース１について　Q&A

Q1　１枚目の樹冠は左に寄っていて，根もとも少し左が膨らんでいる感じがあるから，母親への思慕，２枚目では右単線の冠下枝では父親に対する攻撃性，そして10歳前後のウロが見られるのは，母親に甘えたい，理解してほしいという気持ちがあるけれど，内面ではとてもイライラしていると解釈できますか？

A1　素晴らしい解釈ですね。まだ２回しか診察していないので爪かみの問題が話題の中心。親子関係に触れないまま症状が消退すれば治療は終了するかもしれないです。

Q2　〈空間図式〉の110）「樹冠部と同じ高さの幹」：ですが，この描画のように樹冠輪郭線が二重になっている場合，幹の高さと樹冠部の高さをどのように測れば良いのでしょうか？

A2　「樹冠部」と「樹冠」は違うのです。樹冠に関しては,「樹冠」と「樹冠部」それに「茂み」という３つの表現があります。樹冠部の高さは木の周囲を取り囲んでいる樹冠輪郭線の縦方向の長さ，幹の高さはこの描画では根もとから樹冠内部にある輪郭線が幹の上端になります。ですから，樹冠部に入り込んだ幹でもあるわけです。

Q3　樹冠部に入り込んでいる幹（87）のように見えますが,「垂れ下がる」「茂みが下降する」(39)のサインは採れませんか。抑うつのサインですが,「やや上方に位置する」は躁的ですから矛盾しますか？

A3　躁と鬱は相反すると言うよりも，同居していることが多いと思います。軽躁・軽鬱の混合状態です。どちらか一辺倒ということはなく，高揚したり落ち込んだりの波が多い人かもしれませんね。

Q4　描画が「顔に見える，歯が見えて，唇も」。あるいは八重歯ではなく，左の枝の部分が親指に見えるから，手を咥えているように見える。夢の木も八重歯はないけれど顔に見えますね。

A4　これがバウムテストの怖さかもしれないね。木は人の象徴なのだけれど，被検者の関心事や頭の中を占めている事物がそのまま表現されることがありますね。ですから，5つの作業仮説の5番目を「特殊サイン」と同時に「象徴サイン」と呼ぶことにしました。性犯罪者が繰り返し性器を描いたり，注察妄想や被害妄想の患者さんの描画にたくさんの眼球が描かれるのも同じだと思います。

Q5　この被検者の描画には思春期心性があって，小学校4年生くらいの女子が描きそうな絵を20歳の女性が描いている。引っ込み思案が，本来の20歳だともう少しスムーズに対人交流ができそうなのにできなくて苦しんでいますね。女子大や短大で学生相談をするとこうしたバウム画は多いですよ。

A5　10歳前後の女の子が20歳になっていくあたりの経験や感覚について，高齢者男性の私にはまったく理解できませんね。

ケース２　いじめ体験から不安と身体症状が出現した男子高校生

1. 初診時の訴え

男子，18歳。主訴は多少のことでも不安になると極度に緊張し吐き気を催す。ストレスから腹痛や下痢がみられる。推薦枠の大学受験に失敗し，不安緊張，不眠のために来院。

過疎地域の小学校に通い，5年生時に教室でいきなりものを投げつけられ，「死ね，馬鹿」と言われた。学校の担任も何もしてくれなかった。その後，いじめのリーダーと仲良くなりいじめる側に回る。中学生になると怪我で入院している間にクラスの雰囲気が変わり，退院して登校すると再び「いじめられる」側になった。高校ではいじめや人間関係で悩むことはなかった。ただ，小中学校の経験から誰も信用できなくなったと語る。太っている大きな身体の気の弱い子。推薦枠の入試は失敗し，これから一般の大学入試があるが緊張して眠れない。睡眠薬が欲しいと訴えて来院した。両親は農業を営み，一人っ子。

2. バウムテスト

実施場所：病院内検査室，検査者と向き合って実施。右利き

空間図式が劇的に変化した事例である。

第１の木（１分４秒）

描画テストの説明を聞くと，「絵は苦手だ」と言いながら苦笑している。

第 2 の木（1 分 24 秒）

「大きく描いてもいいですか」と検査者に尋ね，描画を始める。

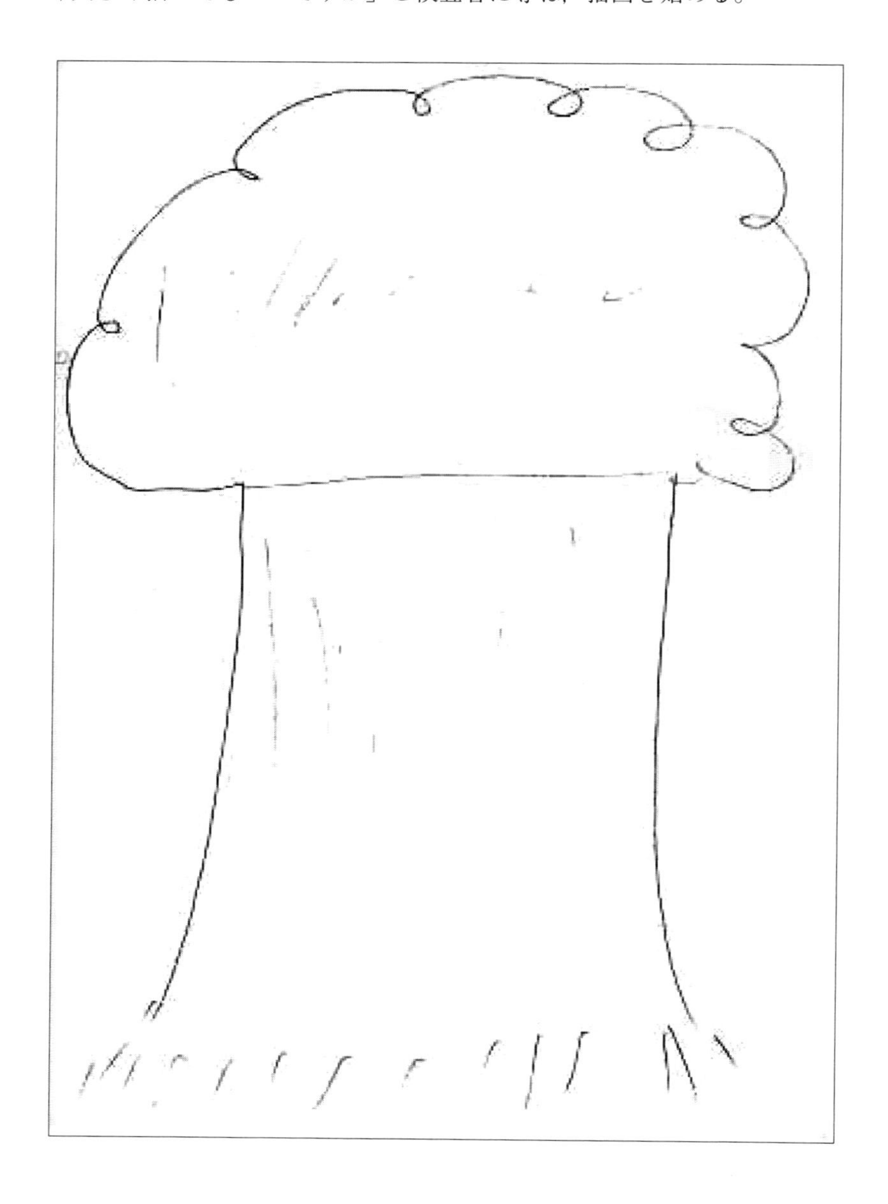

夢の木（2分52秒）

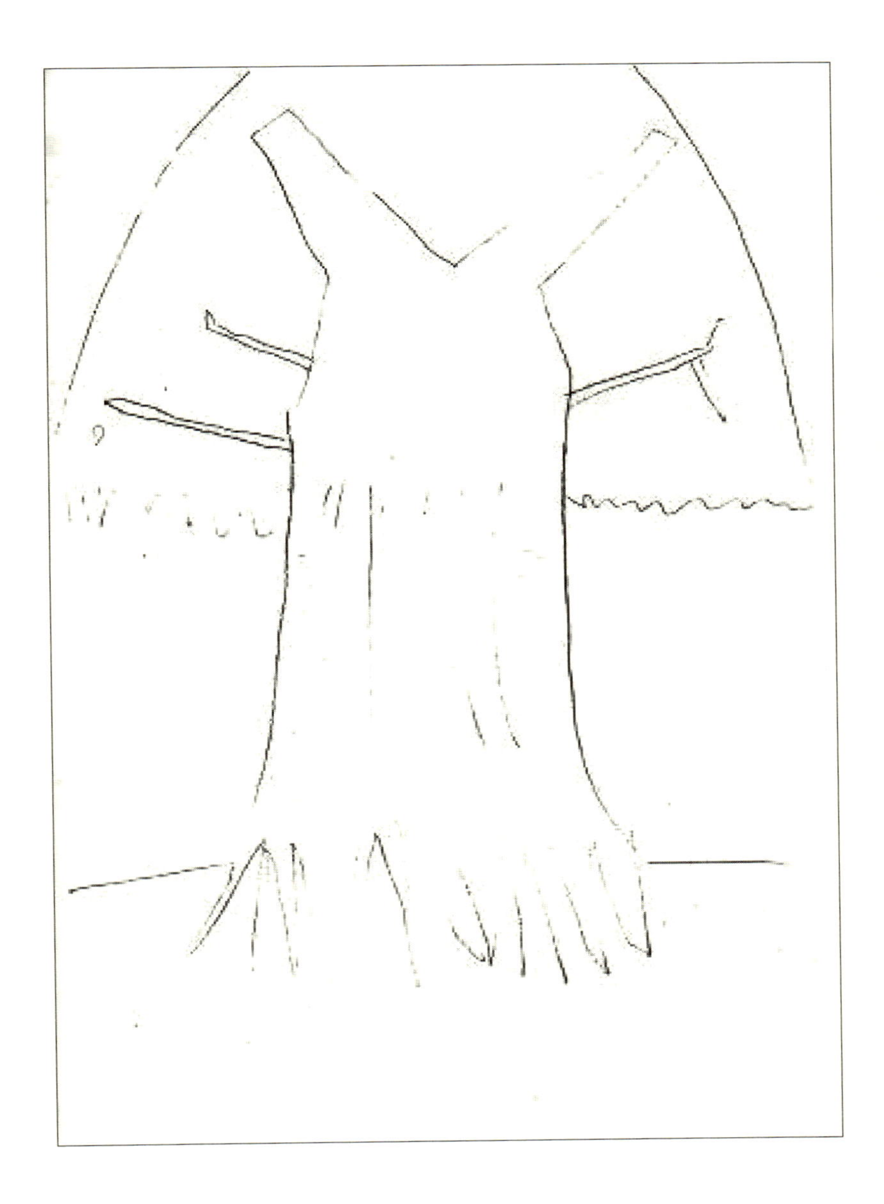

	検討項目	第1の木 (1分4秒)	第2の木 (1分24秒)	夢の木 (2分52秒)	備考
空間図式	用紙上の位置(26～34d) 木の高さ(97～100)・樹冠の高さ(101～107) 樹冠の幅(113～116,119)・樹冠部と幹の比(108～112) 用紙からのはみだし(120～124) 変化(100b,117,118)・上下左右の傾斜と方向性(p.184)	26, 97, 101, 113 110	29b, 100, 103, 108, 116	29b, 100 103, 110, 116 122	第2の木と夢の木の違いは 122
描線	描線の交叉(23～25) 描線(125～143,145) 陰影(69～77b)	25 131, 132 幹の内部の縦線(阿部)	25 131, 132 幹の内部の縦線	25 131, 132 幹の内部の縦線	
描画の構成 木の形態	木に見えるか(現実的な木・抽象的な木) 教示と異なる描画(1～5) シンメトリー構造(15～22b)・菱形模様(55c～61) 幾何学模様(146)・枝がない(148) 冠下枝(78,79)・テタール型(51～52b)・風景(4)	小さな木	第1の木を拡大した	87 15	
木の象徴性	地面(6～9b,147,149) 根(10～14) 樹冠(35～50,62～65i,144,146)・枝(53～55b,65g,148) 幹(81～89,95～96b,146) 葉(59b)・花(65f)・実(マル37,38)	10, 13 63 81 148	10, 13 63 81 148	6 14, 87 55b	
特殊サイン象徴 サイン	擬人型(冠下枝, 顔, 歩き出しそう) ウロ(80) 性的表現(p.91～p.96) 金のなる木, クリスマスツリー, 象の形をした木				
備考欄 3枚の変化	第1, 第2の木のコントラスト(100b,117,118) パターン分類(AAA/AAB/ABA/ABB/ABC) 二本線の根の出現は何枚目か	100b 118	100b 118	14	パターン分類ABC

〈空間図式〉

第1の木と第2の木では，樹冠輪郭線，樹冠と幹を分断する線，単線で描かれた小さな根が共通している。木の大きさと位置が極端に違う。

第1の木

26）左に位置する（木全体が，左の区域におさまっている）：過去，母親，母親のイメージを表現するものに対して両価的な感情を抱いている。

97）木の高さ1：依存，未熟さ，自信がないにもかかわらず弱さを代償する強さを夢見ることがある。

101）樹冠の高さ1：内省やコントロールに欠ける。4歳までならよく見られるので特に問題ない。

113）樹冠の幅1：自分の能力に対する疑い。緊張しイライラしながら防衛的な態度を取る。

110）樹冠部と同じ高さの幹：何とかバランスをとろうとする。周囲の期待に応えようとする。

第2の木

29b）厳密に中央に位置する：厳密に検討して，中央に位置している場合には，日常的な感覚を越えるような厳密さと息苦しさを覚えるような頑なさで杓子定規に見ようとする欲求を持っていると思われる。

100）木の高さ4：目立ちたがり屋，他者配慮，承認欲求。

103）樹冠の高さ3：情動のコントロールができ，内省できる。

108）樹冠部よりも大きな幹：刹那的な生き方。即物的なものに興味を示す。多動的傾向と焦燥感。

116）樹冠の幅4：話し好きで周囲の注意を惹き，自分の存在を周囲にアピールする。

夢の木

29b）厳密に中央に位置する：厳密に検討して，中央に位置している場合には，日常的な感覚を越えるような厳密さと息苦しさを覚えるような頑なさで杓子定規に見ようとする欲求を持っていると思われる。

100）木の高さ4：目立ちたがり屋，他者配慮，承認欲求。

103）樹冠の高さ 3：情動のコントロールができ，内省できる。

110）樹冠部と同じ高さの幹：何とかバランスをとろうとする。周囲の期待に応えようとする。

116）樹冠の幅 4:話し好きで周囲の注意を惹き，自分の存在を周囲にアピールする。

122）上方へのはみ出し：劣等感と優越感が揺れ動く。万能感で劣等感情を補償しようとする。

〈**描線**〉

木の各部分で濃淡，筆圧の変化が**３枚**すべてに見られる。

茂みに見られる描線の交叉は樹冠部に見られる。**夢の木**は樹冠（25）だけでなく根でも描線の交叉（23）が見られる。

131）幹が筆圧は強くない太めの濃い描線で描かれている：
周囲の環境から影響を受けやすく，それに抗えない。

132）幹は筆圧が強くない太めの濃い描線，樹冠は明瞭な描線で描かれている：
個人的な関心事や欲望に振り回され，日々の行動が犠牲になりやすい。
タテの弱い描線（阿部）：ゲーム感覚，マジになるのは馬鹿らしいと思う。

〈**木の形態・構成**〉

第１の木と**第２の木**は，同じ形態の木である。

夢の木では

87）樹冠部に入り込んでいる幹：手入れたものを手放したくない，しかし性的な対象については不安を抱く。
ややシンメトリー構造，幹の先端がＶ字型：人格の未熟さ（アヴェ＝ラルマン）

第１，第２の木と**夢の木**では形態が異なるように見えている。

〈**木の象徴性**〉

6）単線の地面ライン：目的に向かって努力する。現実の秩序を受け入れる。

10）幹に比べて遙かに小さな根：隠されているものを見たい，好奇心

13）単線の根（根が単線で表現されている）：子どもっぽい好奇心，隠されていることを知りたいという欲求がある。

63）ループ状の樹冠輪郭線：相手を打ち負かすためには何でも使おうとする。

81）1本線で樹冠から分断されている幹：束縛されるような躾だったと感じ，それを拒否するかあるいは受け入れる。

148）枝がない：接触困難，拒否的あるいは防衛的態度

夢の木

14）2本線の根（2本線で根の太さを表現している）：現実に対する分別，判断能力がある。何枚か描いてもらうと，同じ被検者でも描画によって根の形が異なることがしばしば見られる。それぞれの描画を十分検討する必要がある。未知の環境であれ，よく知っている環境であれ，そこで懸命に生きていこうとする意欲が存在する。

15）水平方向の対称（幹を軸として，枝が幹に対して直角で，幹の同じ高さから左右の枝が出ている）：環境に適応しているように見せようと努力する。

55b）先端が切られた枝：情緒的な外傷体験。

〈特殊サイン・象徴サイン〉

なし

〈3枚の変化〉

パターン分類：ABC

第1の木と**第2の木**はまったく同じ形態であるが位置と大きさの違いから，被検者の新奇な場面に対する態度がよく示されている。同じ形態の**第1**，**第2の木**と**夢の木**を比べてみると，コンプレックスがあるが，懸命に生きていこうとする姿勢が伝わる。こうした点から第5パターンのABCと見なした。

二本線の根が**夢の木**にだけ出現している。未知の環境であれ，よく知っている環境であれ，そこで懸命に生きていこうとする意欲が存在する。

100b）高さのコントラスト（木の高さが極端に異なる）：

自我感情について両価的。自分の感情に気づくこともあれば，気がつかないこともある。

118）**第１の木**の樹冠幅は狭く，**第２の木**の樹冠幅は広い：固執傾向，反抗的態度。力に訴える態度で自分の弱さを見せないこともある。しかしそこには緊張や萎縮が見られる。

Summary

第１の木と**第２の木**の形態は同じであるが，木の大きさや位置などから意味が異なる。**第１の木**からは，過去や母親のイメージを表現するものに対して両価的な感情を抱きやすい。依存，未熟さ，自信がないのに，弱さを代償する強さを夢見る。また周囲の期待に答えようとするが，自分の能力に対する疑い。緊張しイライラしながら防衛的な態度を取る。

第２の木からは，目立ちたがり屋，他者配慮，承認欲求。意見衝動のコントロールができそうでいながら，利那的で多動的傾向と焦燥感も見られる。**第１の木**と**第２の木**の高さのコントラスト（100b）から自我感情について両価的であり，自分の感情に気づくこともあれば，気がつかないこともあるのだが，被検者は初診時にいじめについて被害と加害の経験があり，自身の両価値的な感情について述べている。118）**第１の木**の樹冠幅は狭く，第２の樹冠幅は広いは，成育歴から形成されてきた性格であり，反抗的態度。力に訴える態度で自分の弱さを見せない，あるいはそこには緊張や萎縮が見られる。

また，**第１の木**が学校での居場所感，**第２の木**が家庭での居場所感だとすれば，学校ではしばしばいじめに遭い，家庭では一人息子で大事に育てられてきたかもしれない。しかし母親のイメージに関して両価的なのは母親の期待とそれにうまく応えられずにいることに由来するのだろう。

大学受験に一度失敗しており，自分の能力に自信が持てずにいる。一人っ子でしかも家業の跡取り息子，母親の期待に応えようとして何とかしなければともがいている姿がバウムテストを通して表現されているように思われる。

IQ 測定，職業適性検査などが必要か，あるいはかえって被検者を精神的に追い詰めたりすることになるのかもしれない。そっと見守っていく。

その後の診察で大学に合格して親元を離れて暮らす予定になった。抗不安薬や睡眠薬はもう必要ないのではないかと話すが，新しい環境に慣れるのに時間がかかること，そして人間関係をうまく作るのに自信がないと語り，もうしばらく通院することになった。バウムテストが自己認識に有益だったと思われるケースだった。

このケースは**第 1，第 2 の木**と**夢の木**が見事な対比をなしている。いわば乗り越えた課題と積み残された課題が 3 枚の描画に描かれている。

ケース 2 についての Q&A

Q1 （私がうっかり 100b と 118 のサインを拾い忘れたことについて）やっぱり 100b と 118 のサインは採用しないといけませんよね。

A1 そうでした。うっかりしていました。

Q2 つまり，強い人だと見られたいけど，自分は弱いと思っているということですね。それから，夢の木は逆 V 字じゃなくて「ウロ」と見ることは可能ですか？幹が上で分断されて，それは 16 歳くらい。高校生になって少し落ち着いたのではないでしょうか？

A2 プロフィールを見ると，小・中学校ではスキーで大けがをして，学校に戻ったらいじめる立場だったのがいじめられる立場になったようです。高校は地元から離れたので割と穏やかに生活はできていたのかもしれない。ウロの位置と考えるとぴったりですね。

ケース３　幻聴を主訴に来院した９歳女児（小学３年）

1．初診時の訴え

最近ぼんやりすることが多く，頭の中が真っ白になっているようで，呼びかけに反応なく，怒鳴るくらいの大声で数回呼ぶと反応するなど……。不安感が強くなっています（母の記載による初診時の問診票より）

成育歴：2歳時に両親離婚。原因は母親の説明によると父親のDV，身体的虐待。本児は母親が2度目の結婚で生まれている。母親は現在就労していて，本児の養育には母方祖母の協力を受けている。母親が出張で祖母宅に預けられることがあると，本児は辛そうな表情を見せ，一時も母親から離れるのを嫌がっているようである。

現病歴：幻聴と共に不安感を訴えているが医療機関を最初に受診したのは，頭痛・目の奥の痛みを訴え幼稚園年長児童の頃であった。幻聴の最初の訴えは小学2年時で女の人の声で，命令調であったようである。小学3年になると，「大きな白人180cmくらい」が背中にぴったりくっついてくるという体験が始まる。

2．バウムテスト

実施場所：病院内検査室，検査者と母親が同席。右利き

第１の木（7分43秒）　時折，母親と目を合わせ笑顔で描いている。

第２の木（6分40秒）

母親と検査者の顔を見ながら描画している。

夢の木（5分32秒）

口を尖らせて斜め上を少し見つめ，20秒ほど経ってから描き始める。

	検討項目	第1の木 (7分43秒)	第2の木 (6分40秒)	夢の木 (5分32秒)	備考
空間図式	用紙上の位置(26～34d) 木の高さ(97～100)・樹冠の高さ(101～107) 樹冠の幅(113～116,119)・ 樹冠部と幹の比(108～112) 用紙からのはみだし(120～124) 変化(100b,117,118)・上下左右の傾斜と方向性(p.184)	28,99, 103 108,115	2)2本の木(自己と他者) 99, 103, 109	29b, 104, 110,116	
描線	描線の交叉(23～25) 描線(125～143,145) 陰影(69～77b)	25 132 ウロ(71, 76)	23, 25 132	25 132	
描画の構成 木の形態	木に見えるか(現実的な木・抽象的な木) 教示と異なる描画(1～5) シンメトリー構造(15～22b)・菱形模様(55c～61) 幾何学模様(146)・枝がない(148) 冠下枝(78,79)・テタール型(51～52b)・風景(4)	閉じた樹冠	開いた樹冠	閉じた樹冠	
木の象徴性	地面(6～9b,147,149) 根(10～14) 樹冠(35～50,62～65i,144,146)・枝(53～55b,65g,148) 幹(81～89,95～96b,146) 葉(59b)・花(65f)・実(マル37,38)	87,45 94 枝先が尖っている (カスティーラ)	2本の木 幹が縦に裂ける, 枝に葉がつく	87 148 樹冠内部の多彩な事物	3枚とも 地面ライン(—)
特殊サイン 象徴サイン	擬人型(冠下枝, 顔, 歩き出しそう) ウロ(80) 性的表現(p.91～p.96) 金のなる木, クリスマスツリー, 象の形をした木	巨大なウロ(0歳～4歳)		様々な果実 果実が人の顔に見える 性器を思わせる事物	
備考欄 3枚の変化	第1, 第2の木のコントラスト(100b,117,118) パターン分類(AAA/AAB/ABA/ABB/ABC) 二本線の根の出現は何枚目か	パターン分類は ABCあるいはABA			3枚とも 二本線の根

〈空間図式〉

第１の木

28）中央やや左に位置する：自己と他者との間で調和と安定を求める強い気持ちを意味している。

99）木の高さ３（４分の３の高さ）：環境に対する適応がよい。

103）樹冠の高さ３（樹冠の高さが用紙全体の８分の3）：情動のコントロールができ，内省できる。

108）樹冠部よりも大きな幹：刹那的な生き方。即物的なものに興味を示す。多動的傾向と焦燥感。

115）樹冠の幅３：能力的に優れているが，それを表現するのがやや困難である。接触にジレンマがある。

第２の木

2）２本の木：自己と他者を象徴している可能性がある。解釈にあたって木の位置やサインを検討する必要がある。左の幹が前に位置し，右の幹は後ろに隠れている。生きる出発点で分裂しているような悲惨な印象を受ける。樹冠を見ると葉の付き方が異なるので，１本の木が２本に分かれたとは考えにくい。

99）木の高さ３（４分の３の高さ）：環境に対する適応がよい。

103）樹冠の高さ３（樹冠の高さが用紙全体の８分の3）：情動のコントロールができ，内省できる。

109）樹冠部よりも極端に大きな幹，2，３倍の大きさ：
周囲に対してかなり依存的，不安を伴った攻撃性を周囲に向ける。興奮しやすく衝動性が見られ，なかなかコントロールできない。第１の木よりも第２の木は強い衝動性が示されている。

夢の木

29b）厳密に中央に位置する：厳密に検討して，中央に位置している場合には，日常的な感覚を越えるような厳密さと息苦しさを覚えるような頑なさで，杓子定規に見ようとする欲求を持っていると思われる。

100）木の高さ４：目立ちたがり屋，他者配慮，承認欲求。

104）樹冠の高さ4（樹冠の高さが用紙全体の8分の4）：内在化，憧れ，代償的な夢。

116）樹冠の幅4:話し好きで周囲の注意を惹き，自分の存在を周囲にアピールする。

110）樹冠部と同じ高さの幹：何とかバランスをとろうとする。周囲の期待に応えようとする。

〈描線〉

全般的に，132）幹は筆圧が強くない太めの濃い描線，樹冠は明瞭な描線で描かれている：

個人的な関心事や欲望に振り回され，日々の行動が犠牲になりやすい。

第1の木

80）幹のウロ：ダメージの残る失敗だと感じる。ウロの陰影：幼少期の深い傷つき体験。巨大なウロ。

71）執拗に繰り返し塗られ幹の陰影。縁取るように描かれることもある：不安をかき立てる両親との間に見られる深刻な問題。不安ははっきりと表現される場合もあれば表面化しないこともある。積年の恨み，見捨てられ不安。

76）糸のような描線による陰影：縺れた糸のように見える。

不安が強いために攻撃性と怒りを抱いているのではないかという恐怖感。そうした場合に怒りが爆発するかもしれない。

25）茂みに見られる描線の交叉：想像された葛藤や苦悩。

第2の木では樹冠部と根に描線の交叉。

夢の木では25）樹冠内に描線の交叉：想像された苦悩や葛藤

〈木の形態・構成〉

3枚とも「木に見える」。**第1の木**と**夢の木**は閉じた樹冠，**第2の木**は開いた樹冠。強い攻撃性，防衛の強さがうかがわれる。

〈木の象徴性〉

3枚とも地面ラインがない。**3枚**とも，14）2本線の根:現実に対する分別，判断能力がある。未知の環境であれ，よく知っている環境であれ，そこで懸命に生きていこうとする意欲が存在する。

第１の木

45）樹冠は閉じていて，内部がびっしり描かれている：幼稚なやり方で所有し続けようとする。

積み重ね型，建て直し（コッホ 33）：枝とか葉の要素を積み上げ，もしくは，つなぎ合わせることによって生じる。多分に幾何的な描写でステレオタイプに近い。常同的。

87）樹冠部に入り込んでいる幹：手に入れたものを手放したくない，しかし性的な対象については不安を抱く。

幹の先端はすべて先の尖った枝：攻撃性（カスティーラ）

94）幹の輪郭線が下端で右が長い：失望，悲しみ。

第２の木

幹の上端と枝と葉はステレオタイプ：攻撃性と幼稚さ（カスティーラ）。

夢の木

148）枝がない：接触困難，拒否的あるいは防衛的態度

注）「枝がある」と見るか,「枝ではなく幹の先端部」とすれば「枝がない」となる。「枝」と見るならばサイン 148 を採用しない。

３枚の描画における樹冠内部の変化に注目。**第１の木**は固い殻のような樹冠。**第２の木**は開いた樹冠，夢の木はさまざまな果実（戸惑い，目的が見えない），果実が人の顔（男性や父親的なイメージを恐れる）。性器と思われる描画も見られる。

〈特殊サイン・象徴サイン〉

第１の木：ウロ。

第２の木：木の裂け目（ウロと同じような意味），ヴィトゲンシュタイン指標から計算すると，外傷体験の時期は０歳から４歳頃と思われる。

夢の木：（擬人的な果実）パイナップル，林檎も顔に見える。臨床的に果実が顔になっている場合，暴力的な虐待を受けた子どもが描くことが少なくない。

〈3 枚の変化〉

ABC か ABA。**夢の木**と**第 1 の木**は類似するが，**第 1 の木**は過去の傷つきを表現し，**夢の木**は傷を癒やそうとしている現在かもしれない。**第 1** と**第 2 の木**を比較すると母と子が心的外傷に対して，二人とも傷つき衝動性，攻撃性が露わにされているようである。

Summary

「空間図式」から被検者である女児の性格がかなり浮き彫りにされている。周囲に対して依存的，不安を伴った攻撃性を周囲に向け，興奮しやすく衝動性がみられなかなかコントロールできない（109）。しかし，反対に自己と他者との間で調和と安定を求める強い気持ち（28）を持ちつつ，目立ちたがり屋で自分の存在を周囲にアピールする。両親が離婚した 2 歳頃の深い傷つき体験は母と子に深刻な影響を及ぼし，そのために母親が実父について何も語ってこなかった。第 2 の木に見られる「2 本の木」は母と子が向き合っているようである。3 枚の描画とも「二本線の根」が描かれ，未知の環境であれ，よく知っている環境であれ，そこで懸命に生きていこうとする意欲が見られる。診察とバウム所見から，できる範囲で良いから実父の話を避けないように母親に助言した。

第 2 の木は深い傷つきと刹那的に生きる衝動性，それを何とかコントロールしようとする姿，母と子の接触のジレンマがある。これを夢の木から眺めると，内在化と強い抑圧で乗り切ってきたのであろう。子の描画でありながら，同時に母の描画でもあるように思えてならない。母親は子どもにも夫のことを記憶から抹殺するようにしていたのだろう。2 度目の診察では，「実父について意図的に話を避けていたところがある。写真を見せないようにするのはやめました」と語っていた。少量の向精神薬を投与すると，幻聴や解離症状（長身の白人が背中に張り付いている）は速やかに消退した。

解　題

本書の誕生を前にして，49年前コッホの初訳本を手にした時のことを思い出した。後輩たちを集めて輪読会をする計画だった。当時のほとんどの大学心理学教室はガチガチの実験心理学で，統計好きの理屈っぽい連中が集っていたが，アメリカから吹いてくる風の匂いで心理テストの独学を始めようとしていた。しかし数回で潰れてしまった。今，古びて黄ばんだページを開けてみると，中は「？」印だらけ。72頁の“中心から放散する枝”などは，解釈の意味の欄で，二つの言葉を線で結んでは×をつけた注意書きが並んでいる。同じタイプの木に正反対の意味が両方付いているのだ。その理由を推測するだけで時間が潰れ，この輪読会はロールシャッハに転向し，私はS-HTPを始めるまでバウムとは絶縁状態だった。同じような経過を辿った同業者を沢山知っている。

本書の著者であり，フランス語の分厚い専門書を次々と訳している阿部先生は，そんな状況の中をボーランダーの原書を手にバウムテストを続けていたのだ。今や，すっかりバウムの人の感のある先生だが，ある犯罪精神医学の大家が精神鑑定からの帰り道，私にぽつりと言った。「阿部さんには，うちの方（犯罪精神医学）で活躍してほしいのだが……」。そんなことを私に言われても困る。私はただ，パリでダブり買いした本や専門書店の地下倉庫で埃まみれのストラ特集を発見して差し上げただけの罪なのだから……。

さて，こうしたさまざまな大小の歴史をもつ日本のバウムテストは，現在どんな状況にあり，どんな問題点があるのか見てみよう。

わが国で市販されている心理テストは100種にのぼると言う。

テストバッテリーに関心のある私は，機会ある毎に，同業者や研修生にテストの使用状況と印象を訊ねたりアンケートにして，論文やワークショップの参考にしていた。そのおおよその結果では，バウムテストについて使用率は5位以上になることはなく，印象は“テストらしくない”“占いのよう”“つかみどころがない”“古めかしい”など，やや否定的で，解釈のための手順や枠組みが他のテストに比べて不明確なことが原因のようであった。

ところが，2011年の放送大学小川俊樹教授の大規模調査報告は，バウムテストの使用頻度が有意に高いことを示している。小川先生の許可を得て『投影査定心理学特論』（小川俊樹・伊藤宗親，2015年，放送大学教育振興会）から引用すると，心理臨床学会員名簿より無作為抽出した1,000名に心理テスト20種の使用頻度を記入する調査用紙を郵送し，回収できた307名（回収率36.8%）の結果は，バウムテストの使用頻度67.1%で第1位，WISCが50.7%で2位，その他HTPが7位，風景構成法8位，DAP12位と，描画法が圧倒的に優位であった。ちなみにロールシャッハは6位で45.8%となっている。

さらに臨床領域を保健／医療，教育／学校，発達／矯正，大学／研究の4群に分けて比較した場合も，治療理論を心理力動，人間性心理学，行動／認知行動，家族／短期の4群に分けた場合でも，バウムテストはほぼすべての群で1位であった。

このように，どの点から見ても，日本ではバウムテストが最も使われているということは，同学の士としては喜ばしい限りであるが，ただ，喜んでもいられない。それは“使っている”という答えが“絵を描いてもらっているだけ”であって，必ずしも“絵を描いてもらって，一定の方法で分析し，解釈して結果報告をしている”ところまで含まれていない場合があるからなのだ。実際に，ワークショップやシンポジウムの症例検討で，テストバッテリーにバウムテストが組み込まれていても，検討のテーブルに乗ることは少なく，解釈といっても日常的な感想で終わってしまうことが多い。聴衆から意見や批判はめったに出ない。

また，使用率1位とすれば，バウムテストの論文を見かける割合は少ない。私の経験でも，『ロールシャッハ法研究』の1号から9年間編集委員を務めていた間，風景構成法やTATの論文は掲載されたが，バウムテストは投稿もなかった。『臨床描画研究』があるためか？

このように，日常的に多用はされるが，内容として残ることの少ないバウムテストの現状に関して，小川先生は投影法でも質問紙法でも時間のかかるテストの使用が減少傾向にあることから見て，心理テストの実施にも，さらにはその学習にも，時間的経済的効率の方を重視する現代の風潮が関わっている可能性を指摘している。

ただ，バウムテストの論文に関しては，上記『投影査定心理学特論』の中に，コッホの『バウムテスト』日本語訳が出版された1970年代に比べ，バウムテスト関連の論文数は7倍強となっており，とりわけ2000年以降明らかな増加を示しているという報告があるが，それでも他のテストに比べて絶対数は低く，治療経過など事例研究や質的研究が多いと言う（佐渡忠洋他，2001年，岐阜大学教育学部研究報告）。

たしかに，描画法は数量化が難しく，論文の内容は事例研究や質的研究に偏りやすい。現代は役に立つ研究が尊重されるので，よほど珍しい特殊な事例ででもなければ関心を引かないし，発表の場も限られてくる。こうして，バウムテストは使い放しのままか，閉鎖的な名人芸かの二極化の可能性をはらんでいるのである。

その点で，阿部先生が進めているサイン化と3枚法への期待は大きい。バウムテストの特性から考えて必要なのは，“質的に表現されている事物を数値を用いて表す”定量化であるから，先端的な一つの方法ではなく，被検者の意識の層を段階的に追っていく3枚法と膨大な資料の統計解析による一般的心理学的意味と臨床観察からの心理学的意味から得られたサインの適用という多元的アプローチは，実験心理学出身の心理臨床家である私としては，最も納得できる方法と確信している。

一方，3枚法の利用者が，この方法をよりよく使うためには，自分の殻を破る努力をしなければならない。投影法の効率を下げる大きな原因の一つは，テスト刺激を含めた全状況の“あいまいさ”“不規則性”“不正確さ”“可塑性”に対する検査者の耐性の乏しさであると，Rausch de Traubenberg（ラウシュ・ド・トラウベンベルク）は述べている。「被検者がいい加減な絵を描いたのではないか？」「急になぐり描きに変わった」「木には見えない形を描いた」「いつまでも描き続けている」等々の正確さ依存や限定依存から生じる不安は，本書Q＆AのAが治してくれるに違いない。

では，A1とA6を読んで勇気をもらい，腰を据えて《まず，やってみよう！》

［補遺］

本書作成の過程には，傍らで眺めていても心温まるものがありました。そのエピソードをお伝えしてこの稿を終わります。

きっかけは“はじめに”の章に書かれているように「東京バウムテスト研究会」のメンバー3人が，学会発表の際の反応の少なさに奮起してバウム3枚法を広めようと決意したことにあります。そのため『バウムテストの読み方』（阿部惠一郎著，2013年，金剛出版）の副読本として，経験上，初学者にも独学者にも解りやすいQ＆A式を取り入れた本書を思いつき，超多忙の阿部先生におそるおそる提案したそうです。実は略歴にある“あべクリニック”とは，先生が北海道の北部にあって精神科医療過疎地とされていた名寄というところで隔週末4日間診療している赤髭ドクターでもあるのです。噂を聞いて，遠方の医療過剰地（？）からも患者さんが詰めかけ，1日100人を超えるとか。頼まれると地方の研修会も引き受け，予定はぎっちり，超多忙の鑑のような方なのです。おそるおそる……というのはそういうわけです。ところが，思いがけず即座にこの企画を快諾され，出版社も手配され，スケジュールが決まったそうで，お願いした方が大慌てだったらしい。

そしてQ＆Aの作業部会が開かれました。Q＆A方式というのは，ご存じのようにさまざまな質問や難しい問題を一つ一つ取り上げ，1問1答で具体的に解りやすく過不足なく答えるものなので，実際には膨大な資料が必要になります。そのため，会の他のメンバーも加わって，それまでの研修会やセミナーで出た質問の記録と，自分たちで作った質問票を持ち寄って，なんと，阿部先生を囲むQ & Aを実演したのです。テープ起こしの一部を読ませていただきましたが，いろいろな人物になりかわってのやりとりや，自分が今抱えているらしい疑問など，開放的で明るく率直で，周りからの発言や野次（？）までも交え，それ自体が集団精神療法のようでした。原稿になってみると，先生のお答えは，経験も交えたユーモラスで格段に平易な，思い切り端的な表現となっています。さらに原稿の追加といい続刊の予告といい，この実演の非言語的影響ではないかと私は勝手に推測しています。

以上，本書が熱意と好意に満ちた産物であることをお伝えした次第です。

2019年4月5日
菊池道子

おわりに

2018年12月に東京バウムテスト研究会の有志が集まり，バウムテストの3枚法を広めなくてはならないということになった。確かにこんな心理検査が日本の心理検査の御三家だというのだからどうしようもない。全国に統一された教示や読み方が確立していない心理検査なのだから。それに臨床心理の大学院できちんと教えているところがあるかと言えばほとんどない。それなのにこのテストは医療だけでなく，福祉や教育の領域で頻用されているのである。なんと奇妙な現象ではないかと思う。

まず，教示と読み方を広める，次にこのテストを用いた研究を行っていくことが必要である。本書は前半のQ&Aは初心者向けに書かれている。事例は時間をかけて「バウム分析表」を完成させてみる。そして描画サインの意味を探していくと，「空間図式」だけでも被検者の性格の骨格が素描できるかも知れない。是非，5年は続けて欲しいと思う。

この第一巻は初心者向け，手引きといった内容である。続刊ではサインについてのQ&Aを予定している。これからは，東京バウムテスト研究会のみなさんだけでなく，多くの読者や実際にバウムテストを実施している方々の質問も受け付けたいと思うのですが，その前に臨床心理士会心理講座のバウムテスト（年4回），あるいは東京バウムテスト研究会（年6回）に参加していただき一緒に勉強するのもいいかもしれない。

東京バウムテスト研究会の連絡先は，tokyo.baumtest.2013@hotmail.co.jp

この本は多くの方々の協力で短期間に完成した。中心的に働いてくれたのは，「はじめに」に名前を挙げた研究会メンバーの4人である。それ以外にも多くの方々にテープ起こしをはじめ煩雑な仕事をみなさんがおこなってくれたことに感謝を申し上げます。

ここに名前を挙げて感謝の意を表したいと思っていたら，名前を出さないでくれとか，職場名は伏せて欲しいとか……。皆さん奥ゆかしいというのか，どうしたらよいのかわからないので，みなさんの希望通りに名前を列挙することにしました。こうした事情なので漏れがあったらお許しください。石阪理枝子さん，宇佐美夏野さん（聖路加国際病院），小澤閲子さん（成城大学学生相談室），加藤優子さん（日本医科大学武蔵小杉病院），角岡真帆さん（中野区障害者地域自立生活支援センター　つむぎ），河合紗弥子さん，川並かおるさん（幸町クリニックなごみ），土門直子さん，三桝優子さん，森晶仁さん（愛知県精神医療センター），山崎敦史さん，山﨑和恵さん，またご協力いただいた我孫子市教育研究所，鶴川サナトリウム病院に感謝申し上げます。これからバウムテストを始める方々に向けて書いたため，寄せていただいたすべての質問を掲載することはできませんでしたが，読み方や描画サイン集などの続巻の中で，みなさんの質問に応えていきたいと思います。

最後にお二人に感謝を申し述べなくてはなりません。一人は菊池道子先生。Q&Aに参加していただき，鋭い質問をたくさんいただきました。内容が高度なので続巻に回したものもたくさんあります。さらに解題の執筆を快諾していただきお礼を申し上げます。そして，最後にいつも強引な執筆者につきあっていただき，ある時は厳しく，ある時は優しく，まるで研究会のメンバーのように活躍してくださった金剛出版編集部の中村奈々様に感謝申し上げます。

2019年（平成31年）3月20日
筑波山と富士山の見える家にて
阿部惠一郎

参考文献

Q&Aを寄せてくださった方々から，参考文献は10冊程度にすること，それから文献として挙げたものについて説明を加えること，という要望があったので，ここでもQ&Aに答えるような形にした。

①阿部惠一郎『バウムテストの読み方―象徴から記号へ』金剛出版，2013年

本書を読むにあたって必読書。この本にほとんど書いてあるので，なるべく同じ記載を繰り返さないようにした。５つの作業仮説について，歴史的なことにも触れている。さらに「サイン一覧」はバウム分析表を作る上でとても役に立つと思う。そして，この「サイン一覧」表では，主となるバウムテスト研究者が示したサイン集が対比されている。従って「一覧」に取り上げられている研究者の著作も必須の文献である。

② Karl Koch：Der Baumtest. 1949年

『バウムテスト―樹木画による人格診断法』林勝造・国吉政一・一谷彊訳，日本文化科学社，1970年（日本語訳は1952年に出版された英語訳から翻訳した：誤訳が多い英訳）

『バウムテスト[第３版]―心理的見立ての補助手段としてのバウム画研究』(第３版1957年）岸本寛史・中島ナオミ・宮崎忠男訳，誠信書房，2010年

コッホの著作で日本語に翻訳されたものはこの２冊である。誤訳が多かったとは言え，1970年に出版され日本のバウムテスト研究に貢献したのは間違いないのだが，その後に出版された第３版を早い段階でドイツ語から日本語に翻訳していれば，日本におけるバウムテストはまったく違ったものになっていただろうと思う。

私はコッホの第 11 版を持っているが，コッホは早くに亡くなったので，４版以降有名な人種差別的箇所を削除されてからほとんど変わっていない。2010 年に日本語訳が出版され初めてコッホの全貌が明らかになった。発達検査の色合いが強いとしても木の象徴からテストを作り上げた功績は大きい。

③ Renée STORA：L'arbre de Koch, Revue du dessin d'arbre. Delarge. 1975 年
『バウムテスト研究』阿部惠一郎訳，みすず書房，2011 年

なぜ「黒マル」を「親から愛されてこなかったという思い」と解釈するのか，「菱形模様」が「自立と親への依存の狭間で苦しんでいる」と読み解くのか，描画サインが象徴だけからでなく新たな意味内容をどのようにして抽出したのか，この本を翻訳して初めて理解できたのだった。心理項目と描画サインをクロスさせ，２万回のカイ二乗検定を行ったのだった。サインの意味に説得力があり，背景に精神分析と発達心理学の深い造詣が見て取れる。

④ Renée STORA ed.：Le test de l'arbre. PUF. 1978 年
『バウムテスト』阿部惠一郎訳，金剛出版，2018 年

ストラの弟子たちが書き，彼女が監修を行っている。弟子たちはストラの業績を客観的に評価し，ストラが抽出した 140 個の描画サインをそのまま利用するのではなく，もっと平易な言葉でその意味を表現している。本書の描画サインの意味は，1975 年版ではなく，この本の中で「ストラの方法とその応用」について書いたアントワネット・ミュエルの表現を採用している。カストロ・カルネイロは精神病圏の描画テストについて論じているが，きっぱりと「ストラの描画サインは子どもが対象なので，精神障害者の分析にストラをあまり引用しなかった」と，述べている。この本を読んで，描画サインの意味がどのようにして導き出されたのか理解できたのだった。

⑤ Karen Bolander：Assessing Personality Through Tree Drawings. 1977 年
『樹木画によるパーソナリティの理解』高橋依子訳，ナカニシヤ出版，1999 年

私はこの本が翻訳される前に，原著のコピーを辞書代わりに使ってバウムテストを読んでいた。今振り返ってみると，サインの数が 400 を越えていて恣意的な意味のものも少なくないと感じている。

⑥ Denise de Castilla：Le test de l'arbre―Relation humaines et problèmes actuels. Editions Masson. 1995 年
『バウムテスト活用マニュアル―人間関係と問題行動』阿部惠一郎訳，金剛出版，2002 年

私が初めてバウムテストを翻訳したのはこの本であった。ずっとボーランダーで勉強してきたので利用しやすかったのだが，ストラの存在は伏せられ，３枚法についての洞察もほとんどなかった。カスティーラには筆跡学とバウムテストに関する著作がある。

Christiane Bastin, Denise de Castilla：Graphologie, le psychisme et ses troubles. Robert Laffont. 1990 年（**『筆跡学，心理現象とその障害』**）

筆跡学がバウムテストにどのように活用されているかが理解できるのだが，まだ翻訳されていない。理由は簡単である。フランス語の筆跡学に用いられている用語は仏和辞典に掲載されていないのがほとんどである。従って５つの作業仮説のうち「描線」は筆記用語の問題と共に私を悩ませている。

⑦愛原由子『子どもの潜在脳力を知るバウムテストの秘密―14 年・20 万例による不思議な実証』青春出版社，1987 年

手軽な新書版。シェマティックに描かれた木と 50 ほどのサイン。印象に残るのは「幹の半分が左右にはみ出している」描画のサイン。右にはみ出していれば，木の幹の左半分しか描画されていないので，これは「甘えん坊」の意味。反対に右半分しか描かれていなければ「社交的」。どうやら幹の左右差，右は心の表面，左は心の裏面から解釈は導き出されているようである。

ビックリするようなサインが指摘されているのが興味深い。

⑧ Ursula Ave-Lallemant：Baum-Tests. 1976年

『バウムテスト』（1996年第4版）渡辺直樹・坂本堯・野口克巳訳，投影描画法テスト研究会責任編集，川島書店，2002年

「星と波テスト」でも有名なアヴェ＝ラルマンの著作。ストラが1975年，この本は1976年，そしてボーランダー1977年である。世界的にバウムテストがブームになっていたとは考えにくい。ストラはフランス語，アヴェ＝ラルマンはドイツ語，ボーランダーは英語なのだから言葉の壁は大きいに違いない。とは言え，ボーランダーはストラの影響を強く受けていると思われるが，アヴェ＝ラルマンは筆跡学者で象徴的解釈に徹した女性。幹と樹冠接合部が人格の第2の核になるところ，思春期から青年期にかけて困難な状況にある被検者の描画はこの核になっている部分がうまく描けない。この指摘は幹の先端処理につながる。しかし，翻訳した人たちはドイツ語ができても描画テストは知らないと思われた。この核の部分を「つけ根」と訳している。翻訳した日本語が美しくないのである。

本書に素敵な一文がある。「象徴と表現特徴を単純に比較するのは全く不可能である」

⑨ Lydia Fernandez：Le test de l'arbre, un dessin pour comprendre et interpréter. 2005年

『樹木画テストの読み方』阿部惠一郎訳，金剛出版，2006年

この本はフランスで2005年に出版され，翌年に翻訳を刊行している。パリの書店で見つけて帰りの飛行機の中でほとんど読み，金剛出版に頼んで出版したのだが，私はまだこの頃バウムテストというドイツ語に馴染めずにいたので「樹木画」という表現にした。バウムテストはドイツ語で「木のテスト」である。だから「樹木画テスト」あるいは「木のテスト」にしたいと話した。金剛出版は折れてくれて「樹木画」になったのだが，出版の直後にこの本は売り上げが伸びなかった。バウムテストとは思われなかったのが原因

らしい。原著があまりに分量が少ないので，何か書き足すように言われ，解題としてかなりの分量になったのが『樹木画テスト（あるいはバウムテスト）の研究史』だった。これを読んだ菊池先生がこんな本の解題ではもったいないと言ってくださった。

３枚法を取り上げていないが，現在のフランスにおけるバウムテスト状況を伝えていると思われた。バウムの所見の書き方についても最近の文献を紹介している。

翻訳されていないが紹介したい本が２冊ある。

Dominique VIELJEUX：L'arbre de rêve, l'imaginaire dans le test de l'arbre. M.A.Éditoins. 1982 年

「夢の木，バウムテストにおける想像力の問題」

これは夢の木だけを集め，素敵な詩と一緒に掲載されている。

Myriam Tannohof：ARBRE! Dis-moi qui je suis. Arnaud Franel. 2008 年

本書の中で紹介した三重のランガージュ，バウムテストを記号言語から見る視点を提供し，高校生に対して学校でのカウンセリングのためにバウムテストを用いている。

そして最後の一冊。

⑩「現代のエスプリ 390　心の病の治療と描画法」描画テストを用いた事例バウムテスト pp.144-155.

初めて３枚法を使って事例を紹介した。３枚法を宣言した本書で紹介するのが相応しいというので，恥ずかしながらここに紹介した。事例は当時の教護院に入所中の児童の描画である。劣悪な家庭環境で生育しほとんどが被虐待体験を抱えているので，痛々しいほどにウロが表現されている。「木の絵から何がわかるの？」「過去のことはどうでも良いの。将来のこと，わからないかな……」「本に使って良いよ。でも名前でないの？　残念だな……」という子どもたちの言葉がよみがえってくる。

■ 著者略歴

阿部　恵一郎

早稲田大学文学部フランス文学科卒業。
慶應義塾大学大学院フランス文学専修中退。
東京医科歯科大学医学部卒業。
茨城県立友部病院，国立武蔵野学院，八王子刑務所，千葉刑務所，創価大学教育学部教授を経て，現在，あべクリニック院長。家族問題情報センター顧問。
2000年，人事院在外派遣研究員（フランスにおける薬物依存症者の治療処遇に関する研究）。
著書に『バウムテストの読み方―象徴から記号へ』（金剛出版 2013），『心理臨床学事典』（共著 丸善出版 2011），『投影法の見方・考え方』（共著 白水社 2004），『精神保健福祉学序説』（共著 中央法規出版 2003），『精神医療過疎の町から―最北のクリニックでみた人・町・医療』（みすず書房 2012），『犯罪心理学事典』（共著 丸善出版 2016）。
訳書にR・ストラ編『バウムテスト』（金剛出版，2018），D・ドゥ・カスティーラ『バウムテスト活用マニュアル』（金剛出版 2002），R・フェルナンデス『樹木画テストの読みかた』（金剛出版 2006），R・ストラ『バウムテスト研究』（みすず書房 2011），アンリ・エー『幻覚 IV―器質力動論 1』（共訳 金剛出版 1998），N・シラミー『ラルース臨床心理学事典』（共訳 弘文堂 1999），R・シェママ編『新版　精神分析事典』（共訳 弘文堂 2002），J-P・クライン『芸術療法入門』（共訳 白水社 2004），J・オックマン『精神医学の歴史』（白水社 2007），ギィ・ブノワ『児童精神医学』（白水社 2013），C・ジェニー『子どもの虐待とネグレクト』（共訳 金剛出版 2018）ほか。

バウムテスト Q&A

2019年 5 月30日　発行
2023年10月10日　3刷

著　者　阿部恵一郎
発行者　立石　正信

印刷　製本　太平印刷社

装丁　臼井新太郎

発行所　株式会社 金剛出版

〒112-0005　東京都文京区水道 1-5-16
電話 03-3815-6661　振替 00120-6-34848

ISBN978-4-7724-1690-0　C3011